DEVOCIONAL CREATIVO

15 DÍAS DE BIBLEJOURNALING
VOLUMEN I

Por
TAMAR CASTAÑÓN

Disfruta tu tiempo en la presencia de Dios con estos quince devocionales creativos para ilustrar tu Biblia.

ÍNDICE:

Introducción.	5
Día 1. 2ª Corintios 10:4-5. La Cruz.	7
Día 2. Jeremías 15:16. Come la Palabra.	15
Día 3. Proverbios 14:1. Mujer Sabia	23
Día 4. 1º Samuel 17:37. Me libra de las garras	31
Día 5. Apocalipsis 3:20. Cena para dos.	39
Día 6. Isaias 59:19. Levanta bandera	47
Día 7. Jeremías 18:6. Alfarero.	55
Día 8. Proverbios 4:23. Guarda tu corazón.	63
Día 9. Juan 8:12. Bombilla.	71
Día 10. Salmo 145:16. Bendición.	79
Día 11. Jueces 5:7. Levántate	87
Día 12. Salmo 119: 9. Limpia tu camino.	95
Día 13. 1º Samuel 1:18. Nunca más triste.	103
Día 14. Apocalipsis 3:5. Ropa blanca	111
Día 15. Josué 23:3. Cuelga los guantes de boxeo.	123
Extras.	127

INTRODUCCIÓN

Dios ha hablado profundamente a mi corazón en cada uno de los devocionales que te presento. Los quince devocionales han nacido en la intimidad de la presencia de Dios. Están cargados de sentimientos y experiencias personales en mi vida cristiana.

Los diseños creativos nacen de la inspiración sobre la Palabra. Dios me ha bendecido con creatividad, y facilidad para inspirarme y plasmarlo en las enseñanzas que extraigo de la Biblia.

¿Cómo usar este devocional? Cada devocional está compuesto por:

1. Un versículo y un pensamiento, con una oración para terminar. He incluido un apartado "notas" para que puedas escribir aquello que Dios te hable personalmente.

2. El diseño creativo y las instrucciones para hacerlo. Todos los proyectos que te enseño, puedes encontrarlos en mi canal de YouTube. Pásate a verlo, te será de ayuda para resolver las preguntas que te surjan. También puedes escribirme a Facebook o Instagram con las preguntas que tengas.

3. Consejos prácticos a la hora de crear.

4. Una hoja con las plantillas de los diseños. Estos diseños los he creado mi Biblia de Apuntes.

5. Una hoja en blanco, con el versículo bíblico en el encabezado para que puedas crear en ella el dibujo o hacer lettering.

6. Extras para que uses en tus creaciones. Como regalo especial incluyo unos diseños que corresponden a una colección que he creado como broches de fieltro y tela, con forma de muñequitas bonitas; ahora las paso al papel para poder usarlas de nuevas formas.

Usa este devocional de manera personal, por eso he añadido la hoja en blanco, para que puedas hacer en ella los diseños, aquí mismo. Así te quedará un devocional que pasará a ser una creación íntima. Muy recomendado para las hermanas que no tienen Biblia de Apuntes, y les gusta ilustrar los textos bíblicos. Muy útil incluso para las amantes del lettering, ya que en la hoja en blanco pueden crear bonitos diseños con sus letras lindas.

Este devocional es ideal para ser usado en grupos de Iglesia o encuentros de Biblejournaling. Si tienes un grupo de mujeres creativas, este será el manual indicado para dirigir a las hermanas.

Por último te cuento que, si tuviera que dedicar este primer devocional creativo a alguien, sin dudarlo, sería a mis padres. Ellos fueron los que me llevaron a Cristo y los que me regalaron mi primera Biblia. A ellos les dedico estas páginas y les doy las gracias por dejarme la mejor herencia.

Tamar Castañón.

DÍA 1

Porque las armas de nuestra milicia no son carnales, sino poderosas en Dios para la destrucción de fortalezas, derribando argumentos y toda altivez que se levanta contra el conocimiento de Dios y llevando cautivo todo pensamiento a la obediencia a Cristo.

2ª Corintios 10:4-5

Siempre digo que nuestro mayor enemigo es nuestra mente. De ahí que unos de mis versículos preferidos sean 2ª Corintios 10:4-5. A lo largo del día tenemos miles de pensamientos, nuestra mente no para, y surgen diferentes pensamientos. Algunos se olvidan casi al momento, pero hay otros que permanecen. Y los que se quedan suelen ser pensamientos que nos causan malestar. Pensamientos de tristeza, dolor, resentimiento, orgullo, miedo, baja autoestima... Son muchos los pensamientos que pueden anidar en nuestra mente, crear una fortaleza, e impedirnos avanzar en nuestra relación con Dios. Para que esto no ocurra, debemos llevar cada pensamiento, que no viene de Dios, cautivo a la obediencia a Cristo.

El versículo dice llevar cautivo, que es privar de libertad. Y eso es lo que tenemos que hacer con esos pensamientos: privarlos de libertad. Esto lo hacemos sometiéndonos a Cristo, y ya no podrán hacernos daño. Para derribar fortalezas y argumentos que quieren levantarse en mi mente, es necesario que esté bajo la autoridad de Dios, pedir perdón, dejar que me limpie, rechazar y dejar de alimentar los pensamientos que me atormentan.

Una vez que decidimos privar de libertad a esos pensamientos, lo que tenemos que hacer es obedecer a Jesús. Si en nuestra mente hay pensamientos de rencor, ¿qué nos enseña Jesús?, nos enseña a perdonar. Privamos de libertad a ese pensamiento cuando obedecemos y perdonamos. Si tenemos pensamientos de baja autoestima, ¿qué dice Jesús?, que somos hechos conforme a la imagen de Él. Privamos de libertad a ese pensamiento cuando declaramos que somos creadas a su imagen. Decido vivir en victoria, decido pensar y llenarme de las cosas que vienen de Dios. Centrarme en las cosas que me dan alegría, paz, esperanza y fuerza. Decido llenarme de su Palabra y que sea esta la que controle mi mente, y derrote cualquier pensamiento que no agrada a Dios.

ORACIÓN:

Señor Jesús, enséñame a llevar cautivo a la obediencia a Cristo, todo pensamiento que hay en mi mente que no te agrada. Esos pensamientos que frenan mi crecimiento cristiano, que dañan mi relación contigo. Quiero ser libre de ellos. En el nombre de Jesús, amén.

Diseño creativo:

Vamos a hacer una cruz móvil, que se convertirá en un cubo. La cruz al cerrarse está representando que nuestros pensamientos están cautivos en Cristo.

Materiales:

Cartulina. Hilo. Pinturas. Bolígrafos para lettering. Tijeras.

Cómo se hace:

1. Fondo de la página sencillo, "manchando" la página con acuarelas o con ceras. En un color claro, para que lo que destaque sea la cruz.

2. En una cartulina escolar dibuja una cruz de 14 x 10,50 cm. La cruz tiene que estar dividida en cuadrados de 3´5 x 3´5 cm.

3. Dentro de la cruz escribe todos esos pensamientos que tienes que llevar cautivos a la cruz, pueden ser cosas concretas, o las palabras que lo describen: miedo, orgullo, baja autoestima, impureza, egoísmo, etc…

4. El siguiente paso es recortar la cruz. Ahora marca las dobleces de cada cuadrado, para que después se doble fácilmente al cerrar la cruz.

5. Pon los hilos en la cruz como indica el dibujo.

6. Coloca la cruz en el lugar de la página que quieras. Solo tienes que pegar a la Biblia el cuadrado de la base de la cruz. El resto de la cruz debe estar libre para poder cerrarse.

7. El texto puedes escribirlo en un lado. Escribe: llevando todos mis pensamientos.

Tienes un vídeo de cómo se hace en mi canal de YouTube: Tamar Castañon.

Consejo:

Muchos de los materiales que usamos traspasan al otro lado de la hoja. Hay varios procedimientos para que esto no ocurra:

1. Usa materiales que no traspasen: acuarelas, lápices de colores, ceras y bolígrafos sin alcohol.

2. Puedes aplicar una capa de pintura acrílica mate, en el lugar donde vas a dibujar o escribir. Pero ten en cuenta que la pintura acrílica tapa la letra, así que solo puedes usarlo en las partes sin letra.

3. Y si eres como yo, que te gusta experimentar con todo tipo de materiales: aplica una capa de Gesso transparente y podrás usar todo tipo de materiales.

Muy importante proteger también la página siguiente. Usa un protector de plástico, cartón o folio, para no manchar con la pintura y bolígrafos las demás páginas de la Biblia. Y si estas ilustrando este libro, también protege la siguiente hoja.

Plantilla.

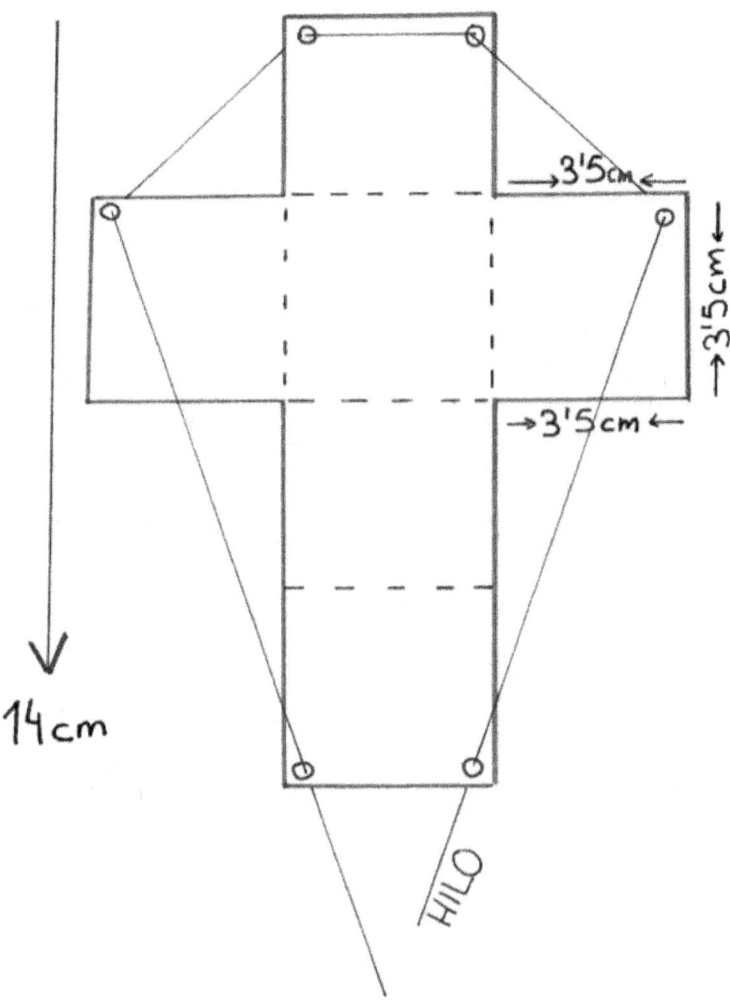

Porque las armas de nuestra milicia no son carnales, sino poderosas en Dios para la destrucción de fortalezas, derribando argumentos y toda altivez que se levanta contra el conocimiento de Dios y llevando cautivo todo pensamiento a la obediencia a Cristo.

2 Corintios 10:4-5

DÍA 2

Fueron halladas tus palabras y yo las comí;
y tu palabra me fue por gozo y por alegría de mi corazón;
porque tu nombre se invocó sobre mí, oh Jehová Dios de los ejércitos.

Jeremías 15:16

¿Qué vas a comer hoy? Te aconsejo que empieces el día con un rico desayuno. Una taza bien grande y cargada de la Palabra de Dios. No hay mejor alimento que este.

Me encanta este versículo en Jeremías, la emoción que muestra al encontrar la Palabra de Dios. Dice "las comí". Es decir que no solo la escucha, sino que la hace suya, parte de él, se llena de ella. Lo imagino como un buscador de tesoros cuando encuentra lo que por tanto tiempo ha buscado, la felicidad y asombro que tiene ante el hallazgo.

Jeremías está pasando por un momento difícil, todos le rechazaban por traer una palabra de Dios dura, a un pueblo, el reino de Judá, que había dejado a Dios; todo el reino se había vuelto idólatra siguiendo a los dioses de sus propio enemigos. Jeremías estaba abatido y triste, pues hasta su propia familia se había vuelto contra él. El encontrar la Palabra no resolvió su problema, pero si obtuvo un beneficio inmediato: se llenó de gozo y alegría. Esto le dio la fuerza y el ímpetu que estaba necesitando en esos momentos.

Gozo y alegría, es el primer y más satisfactorio beneficio que produce en nosotras el "comer" la Palabra de Dios. Comer la Palabra también nos da claridad y dirección en las decisiones que debemos tomar. Nos da la sabiduría y consejo necesario en todas las áreas de nuestra vida. ¿Estás triste? ¿Cansada? ¿Angustiada? ¿Tienes que tomar alguna decisión? Te aconsejo que hoy, y en adelante, añadas a tu dieta un buen tazón de la Palabra de Dios. Acude a la Biblia, no te va a defraudar, y siempre tendrá algo que te sorprenderá, al igual que le pasó a Jeremías.

ORACIÓN:

Señor Jesús, que tu Palabra sea mi alimento principal. Quiero saciarme de ella. Que sea mi primer consejo y consuelo. Ayúdame a que sea un hábito en mi vida el "comer" tu Palabra. En el nombre de Jesús, amén.

Diseño creativo:

Vamos a dibujar un tazón lleno de letras que representa comer la Palabra de Dios.

Escoge los colores que vayan acorde con el tazón y da pinceladas por la hoja. También puedes crear un fondo uniforme de un solo color. Siempre respetando que lo que destaque sea el tazón y las letras.

Materiales:

Acuarelas. Pinturas. Bolígrafos para lettering. Letras. Tijeras. Pegamento. Revistas.

Cómo se hace:

1. En el margen inferior izquierdo dibuja el plato y el tazón. La parte superior del tazón no vamos a dibujarla, ya que ahí vamos a pegar las letras. Solo dibuja la parte baja del tazón y el borde que queda delante.

2. Dibuja el plato.

3. Dibuja un tenedor que salga del margen izquierdo por encima del tazón.

4. Haz el fondo. Puedes dejar la página natural o dar toques de color dispersos por la página.

5. Recorta letras de diferentes tamaños y formas. Yo usé recortes de revistas, todas con diferentes tamaños y tipografía. También puedes crearlas tú misma en diferentes papeles.

6. Pega las letras en la parte superior del tazón, unas encima de otras, descolocadas. Pega una letra también en el tenedor.

7. Escribe el texto: hallé tus palabras y las comí. O puedes escribir: Tu palabra me fue por gozo.

Tienes un vídeo de cómo se hace en mi canal de YouTube: Tamar Castañon.

Consejo:

A la hora de hacer el fondo, este no puede tener mayor protagonismo que el trabajo artístico ilustrativo, al contrario el fondo tiene que ayudar y dar fuerza a ese trabajo. En muchas ocasiones un sencillo fondo ligeramente "manchado" es suficiente. Incluso dejar la página al natural es una buena opción.

Plantilla.

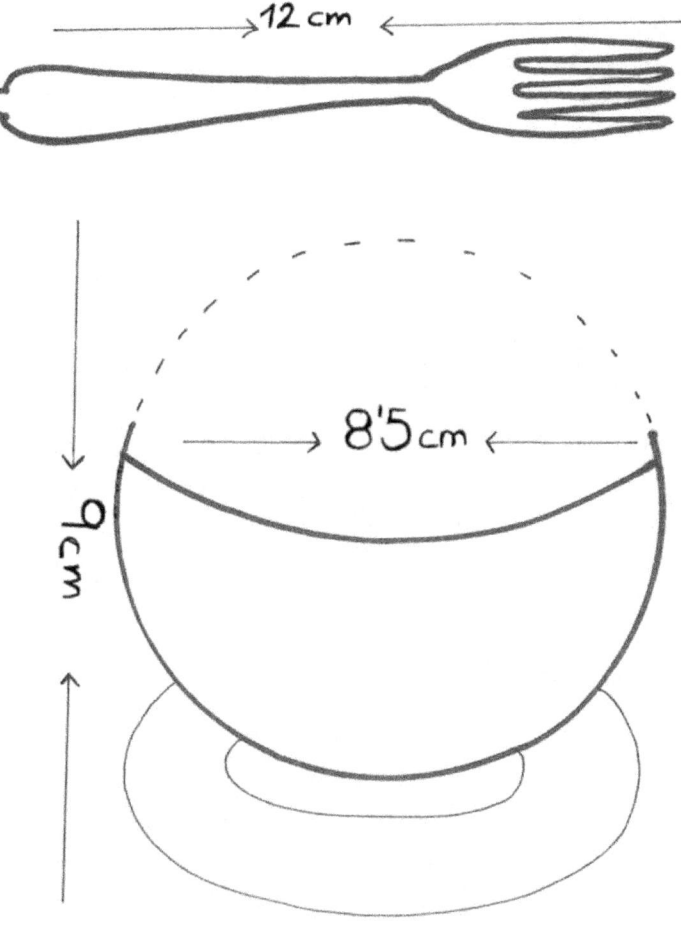

Fueron halladas tus palabras y yo las comí; y tu palabra me fue por gozo y por alegría de mi corazón; porque tu nombre se invocó sobre mí, oh Jehová Dios de los ejércitos.

Jeremías 15:16

DÍA 3

La mujer sabia edifica su casa;
Más la necia con sus manos la derriba.

Proverbios 14:1

Las mujeres tenemos el don de construir. No hablo de construir edificios u objetos. Hablo de sentimientos, amistad, hogar y espiritualidad. Las mujeres podemos hacer que una familia vaya adelante aún en la más triste situación. Bonnie Stuckless siempre decía: mama triste, familia triste; mama alegre, familia alegre. Y es cierto, las mujeres poseemos ese don de unidad, apoyo y animo que otros necesitan para seguir adelante. De igual manera, tenemos el don de derribar y destruir lo que nos propongamos. Pero lo que nos ocupa hoy es edificar.

Me gusta la definición de la R.A.E de edificar: **1.tr**. Hacer o construir un edificio, o mandarlo construir. **2.tr**. Infundir en alguien sentimientos de piedad y virtud. **3.tr**. Establecer, fundar. La mujer sabia de Proverbios es la que sabe edificar de esta manera. Proverbios está hablando a la mujer casada, dedicada al hogar. Pero hoy, haz tuyo este versículo aunque no estés casada.

Hemos sido llamadas a edificar, Dios nos ha dado capacidades para edificar. Ese "sexto sentido" del que disfrutamos las mujeres, esa sensibilidad por las cosas, el saber lo que pasa sin que nos lo digan, eso nos ha sido dado para edificar. Y siempre estamos edificando, en cada momento de nuestra vida hay algo en lo que estamos invirtiendo nuestro tiempo para construir. Ahora, en la situación en la que te encuentras, ¿qué estas edificando? Tal vez una familia, un grupo de mujeres en la Iglesia, una carrera, una amistad o noviazgo, el cuidado de un enfermo. Sea lo que sea lo que estés edificando, hazlo con sabiduría.

La mujer sabia, es sabia porque está llena de la sabiduría de Dios. Podemos hacer cursos sobre la administración del hogar o recibir enseñanzas sobre el noviazgo. Todo eso es bueno y necesario, pero solo es conocimiento humano. Hay un conocimiento que sobrepasa lo humano, la sabiduría de Dios. Es lo que necesitamos como cimiento de nuestra edificación, será la base correcta para una idónea estabilidad de la edificación. La sabiduría que Dios nos da, hace firme la edificación, es el muro de carga que soportará el peso del edificio, para que no se derrumbe.

Esta sabiduría se adquiere pidiéndosela a Dios. Recuerdo que con trece años leí 2 Crónicas, cuando Salomón pide sabiduría a Dios. Me impacto de tal manera que esa fue mi oración persistente. Nunca le pedí dones, ni habilidades, siempre sabiduría. Hoy vivimos tiempos confusos donde lo malo es bueno y lo bueno malo, no hay respeto por los consejos de Dios, y necesitamos urgentemente su sabiduría para saber distinguir que es lo bueno. Nuestros conocimientos o consejos humanos no serán capaces de sostener la vida de nuestros hijos, ellos necesitan un consejo lleno de la sabiduría de Dios. Nuestra relación de noviazgo no va a encontrar consejos que promuevan el mantener nuestra pureza, necesita el sabio consejo directo de Dios.

La sabiduría que viene de Dios la alimentamos leyendo la Biblia, teniendo una relación con Él, donde podamos escucharle, para después hablar, aconsejar, consolar o animar con las palabras apropiadas. Nos llenamos de sabiduría meditando y estudiando la Palabra, y sobre todo llevando a la práctica todo lo que aprendemos. La sabiduría también se expresa con actos y acciones, no solo son consejos y palabras. Nuestra forma de comportarnos también es sabiduría para los que nos rodean. La manera que me comporto en mi relación de noviazgo, la manera que me comporto con mis hijos, etc.

La pregunta es obligada ¿estas siendo una mujer sabía que edifica?. Mi consejo es: pide sabiduría a Dios, como hizo Salomón, y Dios se complacerá con tu petición, porque al fin y al cabo edificamos para Él, para cumplir sus propósitos a través de nosotras.

ORACIÓN:

Señor Jesús, sé que soy un instrumento en tus manos para edificar esta/ este _____ por esto te pido que me des sabiduría para saber cómo edificar. Necesito tus palabras en mí, tus acciones, y tu manera de proceder en cada ocasión. Quiero ser la mujer sabia que edifica. En el nombre de Jesús, amén.

Diseño creativo:

Representar una mujer sabia edificando un muro.

Materiales:

Pinturas. Acuarelas. Bolígrafos para lettering. Folio. Tijeras. Pegamento.

Cómo se hace:

1. El fondo será una pared de ladrillo del frente de una casa a medio hacer. Que vaya de la mitad de la página hasta abajo, en la parte del margen; y si quieres, en la zona de las letras, que suba más arriba.

2. Escoge una de las muñequitas de mi colección, para representarte construyendo este muro, la que más te guste. Píntala dándole tu toque personal para que se parezca a ti, y así darle un toque más personal.

3. En un folio dibuja un casco de obra, la medida será en relación al tamaño que hayas hecho la cabeza de la muñeca. En el mismo folio dibuja también un ladrillo, y una espátula, para pegar en la mano.

4. Recorta la muñequita, pégale el ladrillo en una mano, y la espátula en la otra mano. Lleva la muñeca a la página de la Biblia y pégala en la parte inferior del margen.

5. El texto estará en la parte superior del margen. Escribe: la mujer sabia edifica.

Consejo:

Cuando uses las muñecas de mi colección te aconsejo que, a la hora de pegarla en la página de la Biblia, solo pegues la cabeza y la parte del vestido. Deja las extremidades sin pegar, porque le dará vida. Si escoges una con coleta, tampoco la pegues, para que la muñequita tenga sensación de movimiento. También puedes forrar las muñecas con papel adhesivo transparente: pinta la muñeca, coloca todos los accesorios, pega el adhesivo y recorta. Tienes un video de cómo pintar y forrar las muñequitas en mi canal de YouTube: Tamar Castanon.

Plantilla.

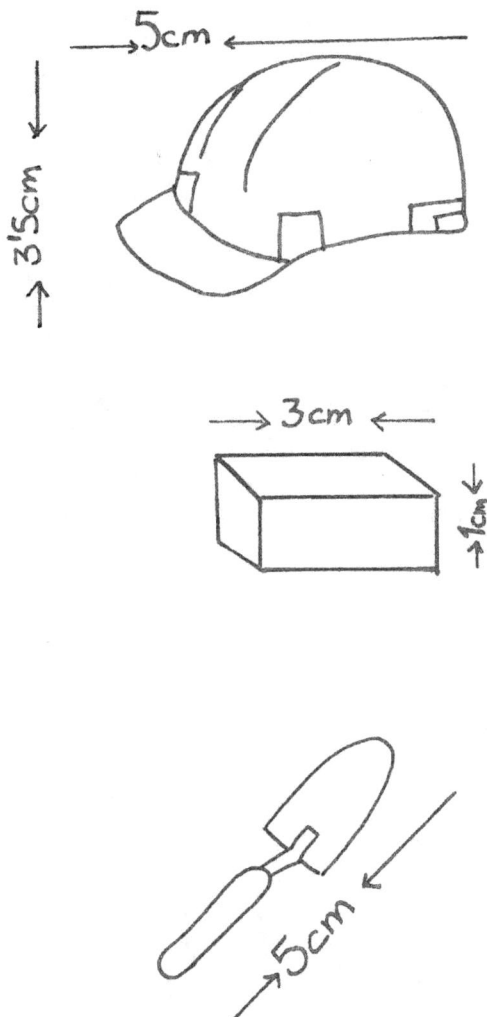

La mujer sabia edifica su casa;
Más la necia con sus manos la derriba.

Proverbios 14:1

DÍA 4

Jehová me ha librado de las garras del león y de las garras del oso, Él también me librara de la mano de este filisteo.

1 Samuel 17:37

Me encanta esa parte de la historia de David y Goliat. La seguridad que David tenía es abrumadora. Quería pelear contra un hombre al que todo un ejército de hombres, valientes preparados para luchar, temían, y no se atrevían a hacerle frente. Un muchacho joven que lo único que sabía hacer era cuidar el ganado y cantar a Dios. No tenía ninguna preparación para el combate. Pero David tenía el arma más poderosa: su seguridad en Dios, sabía que Dios le guardaba. Por eso es capaz de decirle al rey, sin titubear, firme y seguro: Jehová me libró de las garras del león y el oso, también me librará de este filisteo.

Al igual que Dios hacía con David, librándole de las bestias en el campo, nos libra a nosotros a diario de enfermedades, del mal que puedan hacernos; protege a nuestros hijos… Su cuidado es continuo cada día, muchas veces ni nos damos cuenta de las situaciones de las que nos libra.

Llevando esta historia a mi vida personal, pienso ¿de qué tengo miedo?. ¿De qué filisteo tiene que librarme Dios?. El ejército de Saúl sabía quién era Dios, y había sido librado en otras ocasiones; pero este filisteo les paralizaba. A veces se presentan situaciones a nuestras vidas que nos paralizan y, aun conociendo el poder de Dios, no podemos avanzar.

Hay una liberación del alma, aún más profunda y urgente, que Dios tiene que hacer en nosotras. Son esos "filisteos" que paralizan nuestra vida en forma de odio, rencor, el pensar mal de otros, el orgullo, mentiras, auto compasión etc. Para luchar contra estos "filisteos" se necesita la valentía y firmeza de David. Presentarnos delante del Rey de Reyes, sinceramente, y decirle: aquí está mi orgullo, líbrame de él. Aquí están mis vicios, mis malos pensamientos, mi indiferencia, incredulidad, soberbia…líbrame. Hoy me enfrento a ellos para terminar con ellos.

ORACIÓN:

Señor Jesús, quiero ser libre de "este filisteo" que me paraliza. Esas garras que quieren matar mi vida espiritual. Te entrego _____ Tú me has librado en otras ocasiones, ahora confieso que también puedes llevarte esto. Quiero ser libre, en tu nombre puedo vencer. En el nombre de Jesús, amén.

Diseño creativo:

Vamos a dibujar una garra de león y una garra de oso, que al verlas nos hagan recordar que Dios nos puede librar.

Materiales:

Acuarelas. Lápices de colores. Bolígrafos de lettering.

Cómo se hace:

1. Dibuja una garra de oso que salga de la esquina superior derecha y una garra de león que salga de un poco más abajo.

2. El fondo puede ser verde y marrón, que imite los colores de una selva y bosque.

3. El texto puedes escribirlo en el margen derecho. Escribe: me ha librado.

Puedes ir a mi cuenta de Instagram: @tamarcastanon y ver cómo lo hice. Busca en las historias destacadas: Mi Biblia.

Consejo:

Cada una tenemos nuestra propia personalidad, que nos da un estilo a la hora ilustrar nuestra Biblia. En biblejournaling no hay ilustraciones bonitas o feas. En biblejournaling hay ilustraciones personales, con estilos diferentes, que nacen de nuestra relación con Dios, que es lo que le da el valor a cada diseño. Mi consejo es: no te preocupes si no dibujas de manera profesional, no es el propósito. Crea con tus habilidades y dones, no intentes copiar el estilo de otra persona, porque te llevará a la frustración. Tampoco te preocupes por no tener ciertos materiales, usa lo que tengas en tu mano, y crea tus propios materiales. Lo que hagas en tu Biblia siempre tiene que tener un propósito: que agrade a Dios y sea de bendición a otros. Cualquier otro propósito es equivocado.

Plantilla.

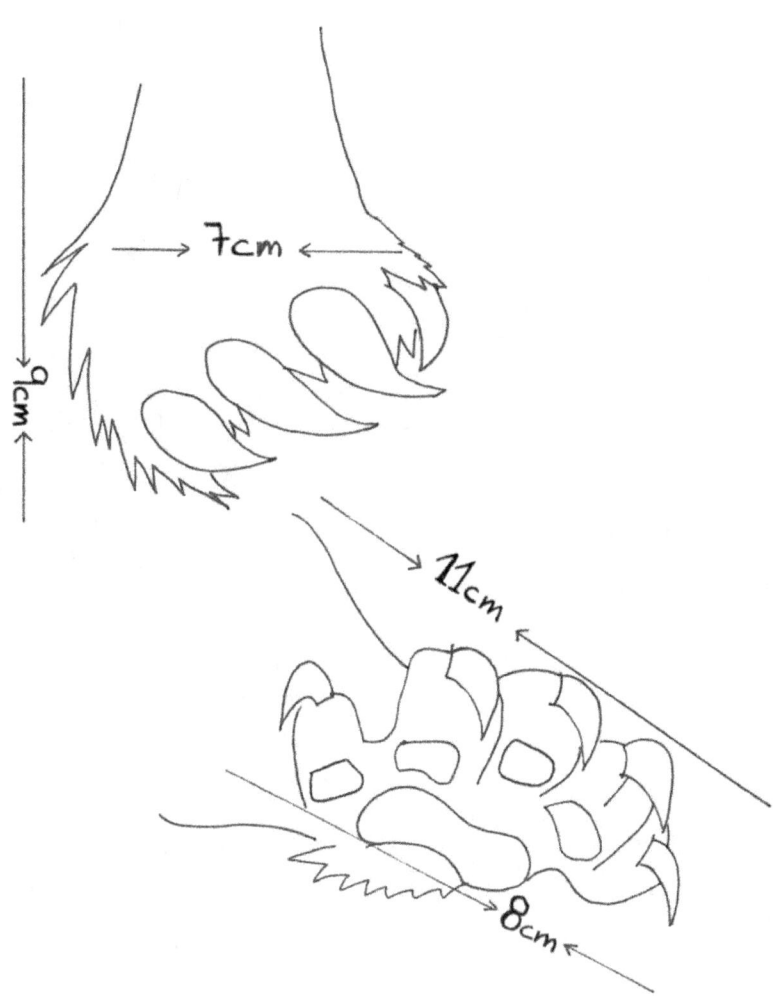

*Jehová me ha librado de las garras del león y de las garras del oso,
Él también me librará de la mano de este filisteo.*

1 Samuel 17:37

__DÍA 5__

He aquí, yo estoy a la puerta y llamo; si alguno oye mi voz y abre la puerta, entrare a él, y cenaré con él y él conmigo.

Apocalipsis 3:20

¿Hay algo más romántico que una cena para dos?. Una cena para dos enamorados es algo muy especial. Para una cena especial solemos arreglarnos, ponernos guapas, tal vez estrenar un vestido, porque la ocasión lo merece. Es un tiempo íntimo donde la pareja habla con tranquilidad de sus cosas, así se conocen mejor y fortalecen su relación.

¿Cuándo lees Apocalipsis 3:20 como te lo imaginas? A muchas personas este versículo les infunde mucho respeto y miedo, porque creen que Jesús está llamando para pedir cuentas y llamarnos la atención. Otros lo ven aburrido, sin ningún tipo de atracción. Yo lo imagino como algo súper romántico. Este versículo me habla de amor, intimidad, compromiso, amistad... ¡Wow!, ¡Jesús quiere cenar conmigo!. Está interesado en conocerme, en pasar tiempo a solas sin interrupciones. Él y yo. ¿Cómo rechazar una invitación así?.

Yo he aceptado esta invitación porque amo a Jesús, y mi mayor deseo es pasar tiempo a su lado, hablando, escuchando. Porque he entendido que me ama y quiere tener una relación conmigo, y que esta sea cada vez más profunda. Le gusta escucharme hablar de mis cosas, y le gusta que le diga cosas bonitas, alabanzas. Un tiempo de calidad donde se habla de corazón a corazón. Momentos que no son impuestos ni obligados, son deseados.

El secreto del éxito y avance en la vida cristiana está en la intimidad entre Dios y tú. En el interior de tu vida, en esa cena secreta en la que nadie más puede participar. A veces creemos que el éxito está en el servicio en la Iglesia, en lo que hacemos para Dios, o en las ofrendas y obras benéficas. El secreto está en aceptar la invitación a esa cena, cada día.

Y tú ¿quieres cenar con Él? Esta invitación es para todos, solo tienes que aceptarla. No tengas miedo en decir sí, a esta cena. No dejes que pensamientos de culpa o pecados te impidan cenar con Él. Fíjate que Dios no está poniendo condiciones para la cena, no te pide que seas de cierta forma, o que lleves una vida santa, solo te pide: cena conmigo.

ORACIÓN:

Señor Jesús, quiero cenar contigo. Hazme entender la necesidad de tener una relación personal contigo. Dejo el miedo y la vergüenza que me impiden acercarme a ti y digo sí a tu invitación. Sé que me amas, yo también te amo, quiero que nuestra relación sea más fuerte cada día. Te abro la puerta de mi corazón, entra a cenar. En el nombre de Jesús, amén.

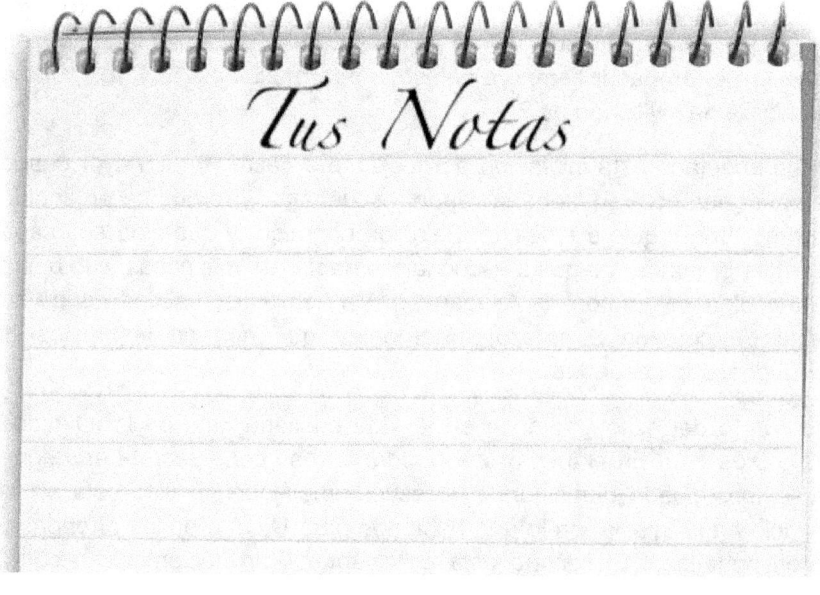

Diseño creativo:

Vamos a crear una puerta, y que al abrirla se vea esa romántica cena a la que hemos sido invitadas.

Materiales:

Pinturas. Acuarelas. Cartulina escolar. Papel vegetal. Bolígrafos para lettering. Pegamento y tijeras.

Cómo se hace:

El fondo de la página será el salón de la casa con una mesa servida para dos personas. Dibújalo en la mitad superior de la página y deja libre la parte de abajo para escribir el texto: cenaré con Él.

1. Dibuja el fondo, también escribe el texto. Pensando que el dibujo y el lettering se tendrá que ver al abrir las puertas. Tiene que estar centrado en la página, dejando un margen de unos 2´5 cm. por cada lado. Todo dependerá del tamaño de la puerta.

2. En una cartulina dibuja una puerta del tamaño de la hoja de tu Biblia. Mi Biblia es la Biblia de Apuntes, edición Ilustrada, y mide: 21´5 x 15´5 cm. Deja desde el marco de la puerta 1 cm. arriba y abajo, y 2 cm. a la derecha e izquierda.

3. La puerta será de doble hoja, cada hoja medirá unos 5´5 cm. de ancho y unos 19 cm. de alto.

4. La cristalera será la mitad superior de cada puerta. Tienes que recortar con ayuda de una cúter o exacto, un rectángulo en el interior, y pegar por dentro el papel vegetal.

5. Una vez que tienes toda la puerta dibujada. Solo tienes que recortar con ayuda de una cúter o un exacto, la puerta por la parte de arriba y abajo, y por el centro, donde se unen las dos hojas. Los lados derechos e izquierdos no se cortan.

6. Ahora pega la puerta a la Biblia solo por los marcos de la puerta.

Tienes un vídeo de cómo se hace en mi canal de YouTube: Tamar Castañon.

<u>Consejo</u>:

Cuando hago un dibujo o escribo textos, lo hago primero a lápiz. Hago el boceto a lápiz, marco las líneas principales que me ayudan de guía y después uso los materiales correspondientes. Cuando marco con el lápiz lo hago de forma suave para después borrar y que no quede la marca. En alguna ocasión uso lápiz de color, el mismo color del texto o dibujo que voy a hacer, en vez del lápiz de grafito negro. Un lápiz de color que se pueda borrar, por si me equivoco al trazar las líneas. Por ejemplo si voy a dibujar una barca, uso el lápiz marrón suavemente.

Plantilla.

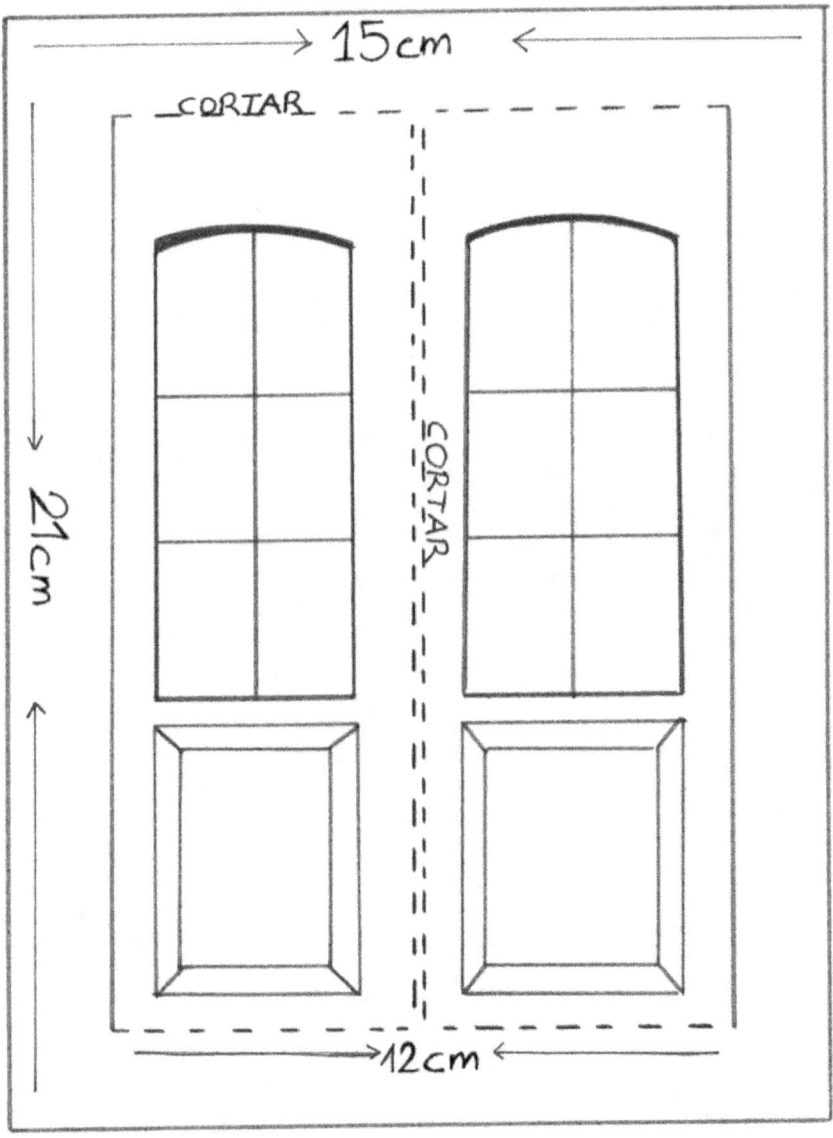

He aquí, yo estoy a la puerta y llamo; si alguno oye mi voz y abre la puerta, entrare a él, y cenaré con él y el conmigo.

Apocalipsis 3:20

DÍA 6

Porque vendrá el enemigo como un río,
más el Espíritu de Jehová levantará bandera contra él.

Isaías 59:19

Hay ocasiones que los problemas nos llegan por malas decisiones que tomamos, o por descuidar nuestra relación con Dios. En esas ocasiones hay que pedir perdón a Dios y reanudar nuestra relación con Él. Pero hay ocasiones en las que tu vida es correcta, no has tomado ninguna mala decisión, tu relación con Dios está bien, pero de repente todo se tuerce. ¿No te ha pasado que llevas la vida tranquila, todo anda bien, el sol brilla y de pronto todo cambia a peor?; la paz desaparece, hay oscuridad, y no vemos solución por ninguna parte. Todo es un caos. Hoy quiero hablarte de estos momentos.

Cuando llevamos una vida correcta delante de Dios, intentando cada día ser más cómo Jesús, el enemigo se va a levantar como un río fuerte, que va a querer arrástranos a sus aguas, que van cargadas de: miedo, mentira, orgullo, engaño, peleas, confusión. Será como un río que se sale de su cauce, sin control, que arrasa con todo lo que se le pone delante. Cuanto más cerca de Dios estamos, más fuerza va a tener contra nosotros este río del enemigo.

Este río puede llegar de manera brusca, y enseguida darnos cuenta que Satanás quiere arrastrarnos; pero otras veces su táctica es más sigilosa, y nos cuesta distinguirlo. Juega con nuestra mente sembrando pensamientos contra nuestra propia persona, o poniendo enemistad con nuestra familia, amigos o Iglesia. No olvides que este río va cargado de mentira "porque es mentiroso, y padre de mentira" Juan 8:44. Recuerda que nuestra lucha no es contra las personas, es contra "principados, contra potestades, contra los gobernadores de las tinieblas de este siglo, contra huestes espirituales de maldad en las regiones celestes" Efesios 6:12

Pero el Espíritu Santo que habita en nosotros, se encarga de parar este río. El Espíritu Santo levanta bandera contra él. Se levanta dando claridad a nuestra mente, nos guía hacia la mejor decisión, nos infunde paz y fuerza para no ser arrastrados por el río del enemigo. Nos da discernimiento para identificar que está pasando. Y destruye todos los planes que Satanás tenga contra nosotras.

Si estas teniendo problemas en tu entorno familiar, o con tus amistades, si tienes problemas con los compañeros de trabajo, o si estás pensando que tu vida no es válida; clama al Espíritu Santo que levante bandera en esa situación, que tome control y ponga freno al río del enemigo que quiere destruirte. Toma la autoridad que Jesús nos dio: Y estas señales seguirán a los que creen: En mi nombre echarán fuera demonios; hablarán nuevas lenguas; tomarán en las manos serpientes, y si bebieren cosa mortífera, no les hará daño; sobre los enfermos pondrán sus manos, y sanarán. Marcos 16:17-18

ORACIÓN:

Señor Jesús, te pido que el Espíritu Santo levante bandera en esta situación que estoy pasando. Clamo por tu Espíritu Santo que me da dirección y sabiduría sobre lo que tengo que hacer. Rechazo en el

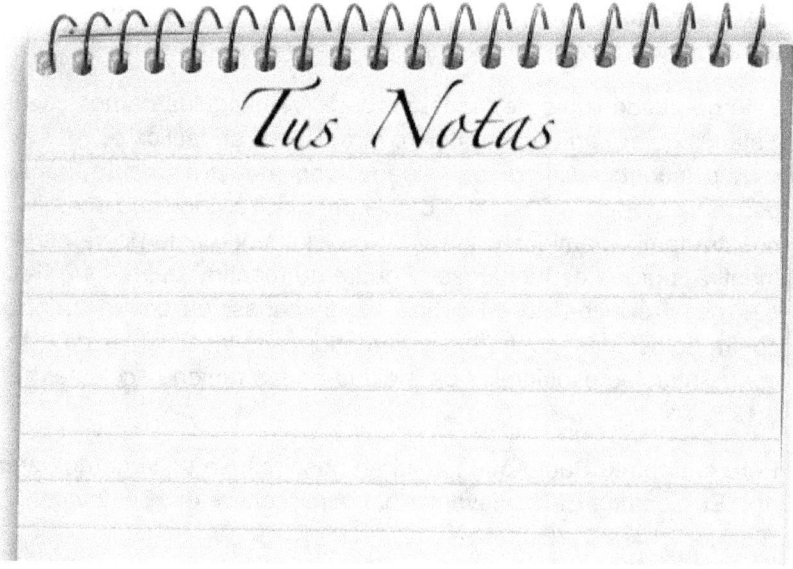

nombre de Jesús todo ataque de Satanás, y me agarro a la bandera del Espíritu Santo. En el nombre de Jesús, amén.

Diseño creativo:

Vamos a dibujar un río y una paloma que represente al Espíritu Santo.

Materiales:

Acuarelas. Lápices. Bolígrafos para lettering.

Cómo se hace:

1. En la parte inferior de la página dibuja un río. Este río representa al enemigo, entonces no lo vamos a pintar "bonito". Usa colores como el negro, azul marino, gris y verdes oscuros. Que sea un río revuelto y con partes que se levanten en olas.

2. En la parte superior dibuja un fondo con un color lleno de vida que destaque sobre la tristeza del río. Yo usé amarillo, azul celeste también quedaría bonito.

3. En esta zona es donde hay que dibujar la paloma que representa al Espíritu Santo que se levanta sobre el río del enemigo. Dibuja una paloma grande con las alas extendidas. Que se imponga sobre el río. Los colores de la paloma serán blancos y también se puede usar unos toques de azul celeste, muy claro.

4. Escribe el texto en el margen derecho. Escribe: El Espíritu de Jehová levantará bandera contra él.

Puedes ir a mi cuenta de Instagram: @tamarcastanon y ver cómo lo hice. Busca en las historias destacadas: Mi Biblia.

Consejos:

No todas tenemos la habilidad de dibujar. Pero no te preocupes, puedes usar diferentes técnicas para hacer un dibujo. En este caso pensando en la paloma. Partiendo que los archivos gratuitos que encontramos en internet:

1. Puedes buscar una silueta de paloma e imprimirla. La recortas y ya tienes un molde con el que guiarte en tu Biblia.

2. Busca una foto de paloma que te guste, imprímela y cálcala en tu Biblia.

3. Puedes usar diferentes App en la Tablet o móvil que te ayudan en esto, a copiar en tu Biblia sin que se mueva la imagen, y actúan como cajas de luz.

4. En mi canal de YouTube tengo un vídeo donde enseño a usar la aplicación LightboxTrace

Plantilla.

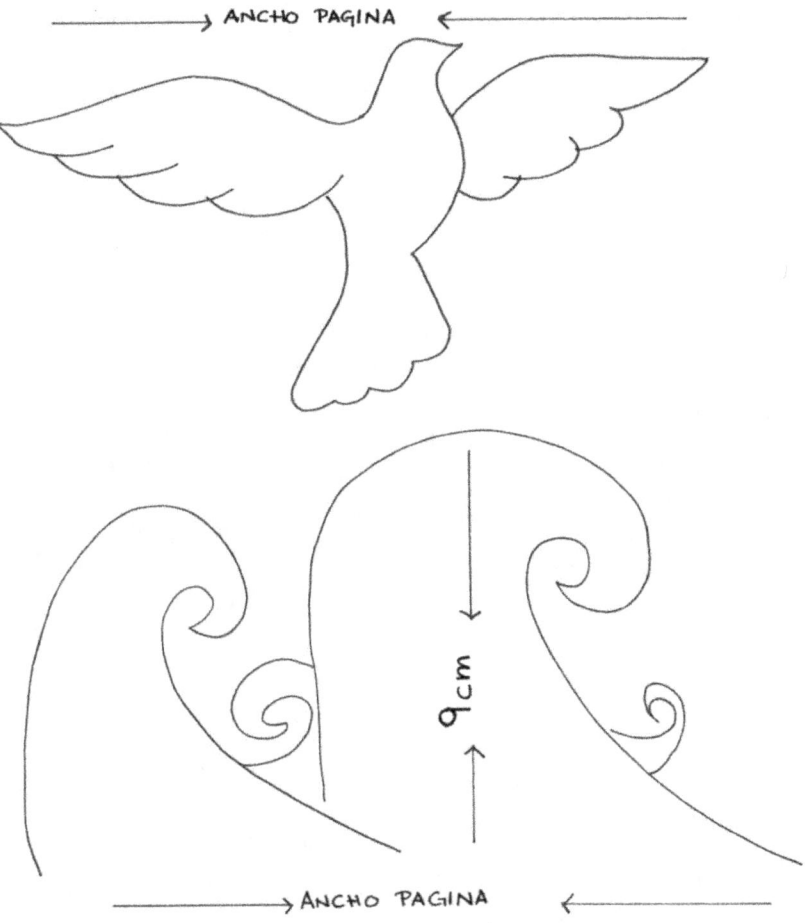

*Porque vendrá el enemigo como un río,
más el Espíritu de Jehová levantar bandera contra él.*

Isaías 59:19

DÍA 7

¿No podré yo hacer de vosotros como este alfarero,
oh casa de Israel? dice Jehová.
He aquí que como el barro en la mano del alfarero,
así sois vosotros en mi mano, oh casa de Israel.

Jeremías 18:6

Jeremías 18 nos cuenta como un alfarero estaba haciendo una vasija, se le echa a perder, y vuelve a hacer otra, según le pareció mejor hacerla. Después Dios pregunta: ¿no podré yo hacer de vosotros como este alfarero?.

Esta pregunta es muy personal, requiere una contestación sincera, meditada, no a la ligera. Porque si respondo: puedes hacer conmigo como el alfarero, le estoy diciendo que soy barro en sus manos y le estoy dando toda autoridad sobre mi vida, sobre todas las áreas de mi vida, para que Él haga "según le parezca mejor". Autoridad sobre mis hijos, casa, trabajo, sueños, amigos, dinero, amigos; sobre toda mi vida.

Solo cuando estoy preparada para aceptar la total autoridad de Dios en mi vida, sin cuestionamientos, puedo responder a la pregunta de manera afirmativa. Mientras no esté dispuesta a dejar gobernar a Dios sobre mi yo, no podré contestar "sí" a la pregunta. Esta pregunta requiere una entrega de toda nuestra vida, para poder ser barro moldeable que no se echa a perder una y otra vez.

Y no hablo de ser perfectos, o de una santidad inalcanzable para poder ser barro moldeable. Hablo de entregar esas áreas de mi vida donde no dejo entrar a Dios, que me da miedo soltar, o que no puedo hacerlo. Esas cosas que una y otra vez Dios me ha pedido y no se las entrego. Esas son las cosas que echan a perder la vasija.

Normalmente los alfareros tienen mucha paciencia porque ellos no ven un puñado de barro informe, ellos ven el trabajo terminado. En su mente ya están visualizando lo que quieren hacer. Por eso necesitan un barro sin impurezas, sin burbujas, que se maneje bien, porque quieren lograr lo que tienen en su mente.

En la mente de Dios ya estas formada. Es nuestra ventaja, ya estamos formadas en la mente de Dios, ya somos unas preciosas vasijas, y tenemos un uso. Pero el alfarero necesita que seamos barro sin impurezas, para que pueda crear lo que hay en su mente.

ORACIÓN:

Señor Jesús quiero ser ese barro moldeable en tus manos, quiero ser esa vasija que hay en tu mente y poder ser útil. Me entrego a ti, todo lo que soy, me pongo bajo tu autoridad. Moldéame. En el nombre de Jesús, amén.

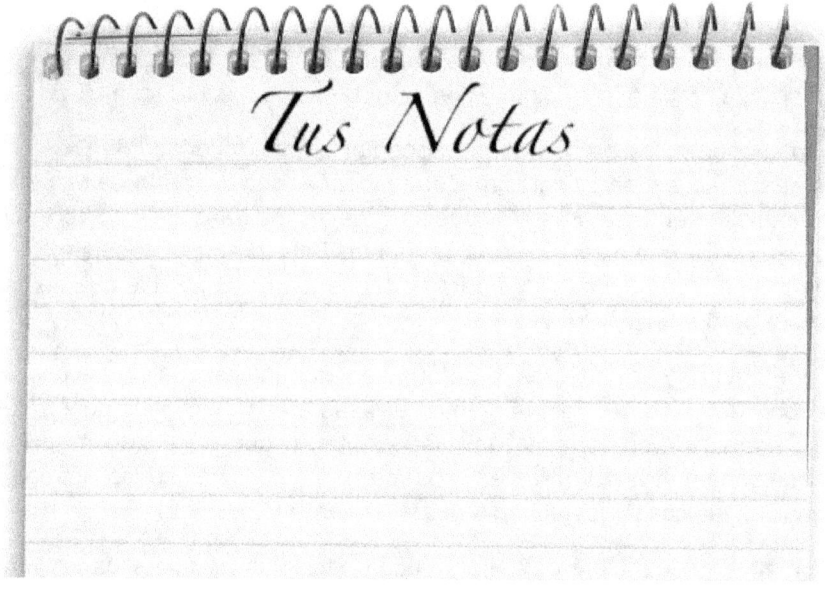

Diseño creativo:

Vamos a dibujar unas manos moldeando barro, que representan las manos de Dios moldeándonos.

Materiales:

Pinturas. Acuarelas. Bolígrafos de lettering.

Cómo se hace:

1. Con la página en horizontal dibuja unas manos saliendo del centro de la biblia que moldean barro.

2. Para el fondo: puedes dejarlo natural o dar toques con esponja o pinceladas, en el color que pintes el barro.

3. El texto lo escribimos en el margen: barro en tus manos.

Pásate por mi cuenta de Instagram: @tamarcastanon para ver cómo me quedó. Busca en las historias destacadas: Mi Biblia.

Consejo:

"No tirar nada", este es mi lema. Cualquier trocito de papel o cinta que te sobra de los proyectos que haces, te pueden servir para crear en tu Biblia. Cuando te hacen un regalo, guarda el papel, seguro que puedes usarlo para hacer unas letras bonitas o para añadirlo a las ilustraciones. Recuerdo que una vez me hicieron un regalo, no recuerdo que fue, pero si recuerdo el papel; la persona que me lo regalo me dijo: escogí un papel bonito porque sabía que lo usarías. Y sí, lo usé en Corintios. Incluso las etiquetas de la ropa te pueden servir para crear en tu Biblia. Hay etiquetas de la ropa con muchas formas, pueden ser muy útiles, son ideales como moldes. Te cuento otra anécdota, en una ocasión me invitaron a un cumpleaños, pusieron unas servilletas preciosas, ¡me enamoré!; la anfitriona de la casa me regaló un paquete porque sabía que las usaría, y si, las usé en un Salmo. Recoge hojas de árboles diferentes, te servirán de patrón. Tienes a tu alcance muchos materiales que puedes usar sin necesidad de gastar dinero.

Plantilla.

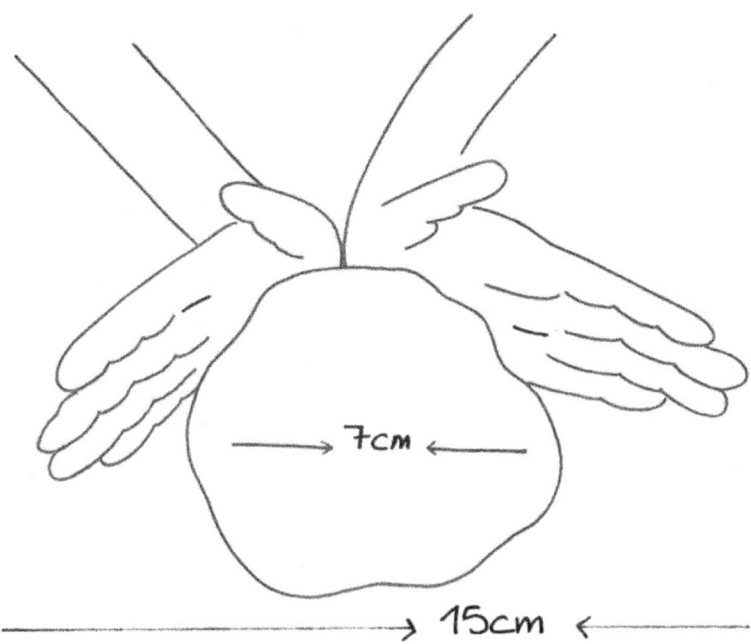

¿No podré yo hacer de vosotros como este alfarero,
oh casa de Israel dice Jehová.
He aquí que como el barro en la mano del alfarero,
así sois vosotros en mi mano, oh casa de Israel.

Jeremías 18:6

DÍA 8

*Sobre toda cosa guardada,
guarda tu corazón, porque de él mana la vida.*

Proverbios 4:23

Está de moda cuidar el corazón, tener bien los niveles de colesterol, no tomar grasas que taponen las arterias, y hacer ejercicio. Todo para que nuestro corazón no colapse, se pare, y deje de darnos vida. La Biblia también está muy interesada en el cuidado de nuestro corazón, y son muchos los versículos que nos dan consejos de cómo cuidarlo. Hoy he escogido Proverbios 4:23.

Muchas veces relacionamos este versículo con el amor romántico. Pensamos que está hablando de cuidarlo para que "no nos rompan el corazón", cuidarlo del dolor que nos pueden hacer otros. Pero este versículo no está hablando de romanticismo, ni de enamorados. Si leemos unos versículos antes vemos que habla de "las palabras de Dios", de seguir su consejos y de sus beneficios. Es un versículo que tiene que ver con aquello con lo que llenamos, nosotras mismas, el corazón. De cómo trato mi corazón, cómo lo cuido para que esté lleno de vida. Nuestro corazón se daña de fuera a dentro, lo que permito que entre en él, lo que dejo acumulándose.

En ocasiones he escuchado decir: a mí no me hace daño escuchar cierta música, o ver películas violentas; lo que puedo responder: la Biblia es clara, y aconseja en varias ocasiones que hay que tener cuidado con lo que ves y escuchas; todo está quedándose en nuestro corazón, y tarde o temprano, se refleja en nuestros actos y palabras, incluso en nuestro estado de ánimo. Sucede lo mismo con lo que hablamos, que muchas veces es fruto de lo que vemos y escuchamos. Para entender bien este versículo, hay que leer del v.20 al v.27 y descubrir que debes hacer para guardar tu corazón:

v.20 guarda lo que escuchas: conversaciones, televisión, música, películas, predicadores que no guardan la palabra, consejos que no están basados en la palabra etc.

v.24 guarda lo que dices: chismes, rumores, exageraciones, palabras soeces, mentiras, insultos, gritos, descalificaciones, etc.

v.25 guarda lo que ves: televisión, películas, revistas, internet etc.

v.26 guarda lo que haces: lugares que frecuentas poco apropiados, nuestros propósitos y objetivos en la vida etc.

Ahí tienes la receta secreta para tener un corazón espiritual sano y fuerte que mana vida. Los pasos a seguir para un buen funcionamiento de nuestro corazón. ¿Estas cuidando tu corazón? ¿Estas guardando tu corazón? ¿Está manando vida tu corazón?.

ORACIÓN:

Señor Jesús, que pueda reajustar mi corazón para que mane vida. Voy a tener cuidado con lo que escucho, hablo, veo y hago. Que tu Espíritu Santo me alerte de cualquier cosa que entre en mi corazón que sea perjudicial. Quiero tener un corazón sano. En el nombre de Jesús, amén.

Diseño creativo:

Haremos un corazón que represente un corazón sano que da vida.

Materiales:

Cartulina. Papel decorado. Folio. Lazo. Pegamento. Pinturas. Acuarelas. Bolígrafos para lettering.

Cómo se hace:

Fondo: Pinta toda la hoja con acuarelas de un solo color. Si prefieres también puedes dejar al natural la página de la Biblia.

1. En una cartulina, recorta dos corazones iguales de 6 x 10 cm, y córtalos por la mitad. Decora o pinta uno de los corazones y el otro lo reservas para el final del proyecto.

2. Recorta una tira de papel de 16 x 3.5 cm Decora y pinta al gusto esta tira y en el centro escribe la palabra: vida.

3. Ahora dobla la tira en tres partes guiándote desde el centro que tiene que medir 7 cm. Y los extremos 2,5 cm. Sumar 1 cm. más por cada lado, para dejar una "pestaña", que será lo que pegas al corazón

4. Necesitas dos lazos estrechos de 15 cm. de largo. Pega cada lazo por el interior de los corazones que hemos decorado.

5. En los mismos corazones pega los extremos de la tira de papel.

6. Pega a estos corazones las otras dos mitades de corazón que tenemos reservadas, por la parte de atrás de los corazones decorados.

7. En mi Biblia hay un buen espacio en el margen derecho, así que es ahí donde he puesto el corazón, en horizontal. Fijamos el corazón en la Biblia solo pegando la parte de la tira donde has escrito: vida.

Tienes un vídeo de cómo se hace en mi canal de YouTube: Tamar Castañon.

Consejo:

Hay que tener en cuenta el proyecto en el que estamos trabajando a la hora de escoger el pegamento que vamos a usar. Normalmente en todos mis proyectos uso pegamento en barra, porque me deja removerlo sin problema si cometo un error al usarlo. También me gusta usar cola escolar, porque no deja manchas, queda trasparente. Otra opción muy buena es la cinta adhesiva de doble cara. Pero se puede usar cualquier tipo de pegamento escolar.

Plantilla.

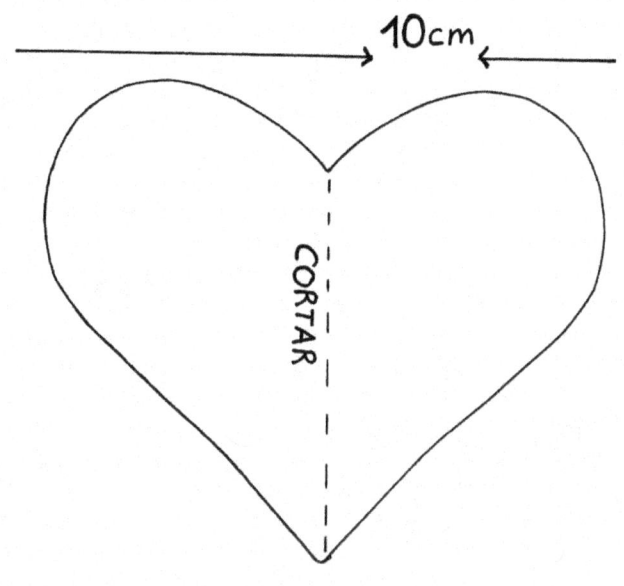

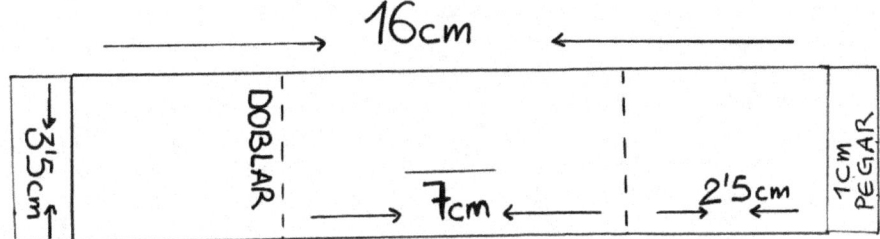

*Sobre toda cosa guardada,
guarda tu corazón, porque de él mana la vida.*

Proverbios 4:23

DÍA 9

Yo soy la luz del mundo.

Juan 8:12

¿Qué te imaginas cuando lees este versículo? Tal vez a Jesús abriendo un camino de luz brillante delante de ti, por el que vas andando tranquilamente. La mayoría de las veces, cuando leemos este pasaje, asimilamos la palabra luz como dirección o guía. Una luz que abre nuestros ojos hacia lo bueno y agradable, que nos muestra lo perfecto a seguir. Imaginamos algo romántico, una protección paternal de seguridad. Cierto, así es, pero hay algo más importante sobre esta luz, que a veces dejamos a un lado porque no es tan agradable.

Un día mi padre predicó sobre este versículo y dijo una frase que no he olvidado: "la luz revela ante Dios, nuestro estado espiritual". Esta frase tocó mi corazón, y me di cuenta que había estado mirando esta luz solo desde el punto de vista "bonito", agradable; pero me faltaba la visión de la luz que limpia y corrige. La luz del mundo no solo ha venido a iluminar el camino a seguir; no solo fue la dirección que necesitábamos en la oscuridad para sacarnos del pecado. Esta luz, hoy, me muestra mi condición espiritual. Saca a relucir lo que está mal en mí, en lo que estoy fallando. Revela lo que hay en mi interior que no agrada a Dios.

Después de una tormenta, cuando el sol empieza a salir de nuevo, se ven los rayos del sol entre las nubes grises, dejando entrever el interior de estas. Así es la luz que ha venido al mundo, a mi vida. Sus rayos traspasan mi corazón dejando ver lo que hay en el. Que privilegio que la luz del mundo se revele en nosotras para limpiarnos, para quitar todo lo que impide una correcta relación con Dios. Para hacernos más como Jesús.

Necesitamos esa luz que nos hace mejores portadores del evangelio, para ser a la vez, luz en otros. Mateo nos dice que somos luz para este mundo, y tenemos que brillar con la luz que recibimos de Jesús, que es nuestra fuente de energía. Yo quiero ser esa luz que ilumina al necesitado dando esa vida que necesitan.

ORACIÓN:

Señor Jesús, ven con tu luz a mi vida. Ilumina lo que hay en mí que no te gusta y ayúdame a cambiarlo. Saca a la luz esas cosas que están impidiéndome crecer en tu reino, e impiden que sea luz para otros. Tú eres la luz que ha venido a este mundo a dar vida, quiero tener esa vida que viene de ti. En el nombre de Jesús, amén.

Diseño creativo:

Vamos a dibujar una bombilla resplandeciente que representa la luz que ha venido a iluminar el mundo.

Materiales:

Pinturas. Acuarelas. Bolígrafos para lettering.

Cómo se hace:

1. En el centro de la página dibuja una bombilla de 16 cm. de alto y 9´5 cm. por la parte más ancha. Dentro de la bombilla dibuja parte del globo terráqueo, que ocupe toda la bombilla. Colorea el mar y los continentes.

2. Alrededor de la bombilla crea un aro de luz. Para hacer esto aconsejo usar ceras. Primero con color blanco marcamos alrededor de toda la bombilla y después con amarillo. Difuminamos un poco pasando suavemente el dedo por encima.

3. Ahora pinta el fondo que será el cielo, con colores azul, gris y violetas. Hacemos un universo lleno de estrellas, cometas y puedes hacer algún planeta pequeñito.

4. En mi Biblia ya está el texto escrito, en el margen, en la esquina superior izquierda: Yo soy la luz del mundo, el que me sigue no andará en tinieblas si no que tendrá luz de la vida.

Puedes ir a mi cuenta de Instagram: @tamarcastanon y ver cómo lo hice. Búscalo las historias destacadas: Mi Biblia.

Consejo:

Me gusta usar la ceras alrededor de la figuras para darle un aspecto destacado con el fondo. Las ceras tienen un brillo que le aporta luz al dibujo. Además las ceras crean una película que hará que el agua de las acuarelas que usemos en el fondo, no llegue a la bombilla. Cuando me refiero a ceras, me refiero a las más blandas y cremosas, esas que manchan las manos; parecidas a los gelatos. Que también se pueden aplicar con una esponja o tela.

Plantilla.

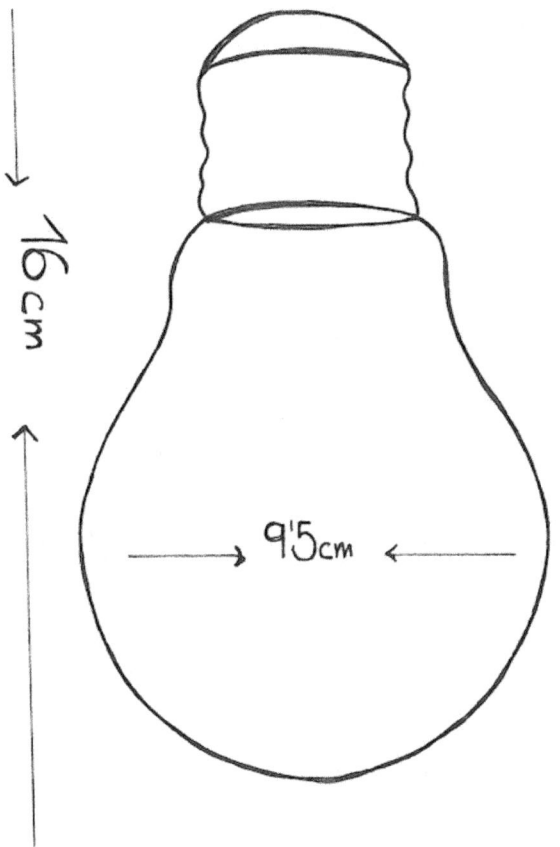

Yo soy la luz del mundo.

Juan 8:12

DÍA 10

Abres tu mano
y colmas de bendición a todo ser viviente.
Salmo 145:16

Muchas veces se tiene a Dios por un Dios de juicio inmisericorde, enfadado e inalcanzable; un Dios que solo espera que le sirvan y se cumplan sus mandamientos, sin importarle nada más. ¡Que lejos de la realidad está este pensamiento!. Este salmo nos revela a un Dios lleno de inmensa bondad, clemente y misericordioso. Dice el versículo nueve: "es bueno para con todos y sus misericordias sobre todas sus obras". Más adelante dice que sostiene, levanta, da comida y guarda a los que le aman. Incluso dice que cumplirá nuestro deseo. Este es el Dios en el que creo, no en el enfadado y duro que la tradición del arte nos ha mostrado.

Pero parece que a veces se nos olvida el Dios tan bueno que tenemos. Pasamos momentos en los que no acudimos a Dios, porque inconscientemente pensamos que no puede ayudarnos, que se va a enfadar, o que como me han dicho en muchas ocasiones: "Dios tiene otras preocupaciones y gente más necesitada a la que atender". ¡No!, ¡mentira!. Fíjate que dice el versículo. ¿A quién colma Dios de bendición?: a todo ser viviente. Tu eres un ser viviente, estas incluida en la bendición de Dios. Dios tiene bendición para ti. Eres parte de su creación, esa creación en la que se implicó más. Dios no solo puede ayudarte, si no que quiere ayudarte.

Abre su mano y te colma de bendición. Colmar es llenar algo de tal manera que excede su capacidad, sobresale del recipiente. Porque es un Dios bondadoso, quiere lo mejor para nosotros, que disfrutemos de una vida abundante; pero en medio del ruido que produce nuestro ir y venir en nuestros quehaceres y problemas, nos olvidamos de esto, y no nos beneficiamos de esta gran bendición. Acudimos a otras manos: bancos, médicos, consejeros espirituales; hasta podemos caer en adicciones. No está mal acudir a los médicos o pedir consejo, si primero has ido al que te colma de bendición. Dios es el que abre su mano y te da lo que necesitas para prosperar. Es a su mano a la que debemos recurrir en primer lugar.

ORACIÓN:

Señor Jesús, perdóname por olvidar que eres un Dios de bondad y generoso. Perdóname por pensar que no puedes ayudarme. Hoy acudo a tu mano, te pido que la abras sobre mí y me colmes de tu bendición. Tu bendición me alcanza y suple mis necesidades. En el nombre de Jesús, amén.

Diseño creativo:

Vamos a hacer unas manitas en cadena. que contienen la palabra bendición. Estas representan la mano generosa de Dios.

Materiales:

Pinturas. Acuarelas. Bolígrafos para lettering. Folio. Pegamento. Tijeras. Hilo

Cómo se hace:

1. Dibuja el fondo con la página en sentido horizontal. Este podría ser un cielo azul con nubes.

2. Crea el molde de la mano que usaremos para la guirnalda. Dibuja una mano de 8 cm. de largo y 5.5 cm. de ancho (desde la punta del dedo meñique al dedo gordo).

3. Haz la guirnalda. Te aconsejo que lo hagas en un papel fino, para que después no abulte mucho en la Biblia. Tiene que medir 21.5 cm de largo, que es el ancho de la página, tienen que salir cuatro manos (si salen más solo hay que cortar las que sobran).

4. Pinta las manos, hazle los detalles. Ten en cuenta que la parte de la mano que va a verse es la palma.

5. Una vez pintadas, hacemos el texto; irá en las palmas de las manos. Escribe la palabra "bendición" repartida en las cuatro manos, así: ben-di-ci-ón.

6. En la palma de la mano que hemos escrito "ón", pega un hilo de unos 10 cm. por la parte posterior. (Puedes pegar con pegamento, con celo o coserlo).

7. Lleva la guirnalda a la página. Colócala en el espacio libre para anotaciones y pega la primera mano en la que hemos escrito "ben", ¿a la derecha del margen? El resto de manos quedan libres para poder estirar la guirnalda.

Consejo:

El hilo que uso en los diseños es el normal de costura. Suelo usar un color que no destaque, discreto para que no se vea. Cuando el hilo tiene que ser decorativo, me gusta usar cuerdas, cordones finos, o lazos estrechos. El hilo para punto de cruz también queda muy bonito, y es muy resistente. En este caso puedes usar el hilo que más te guste. Por ejemplo si te gusta que sobre salga por la Biblia, busca un cordón o lazo bonito; si no quieres que sobresalga, usa hilo de costura normal o de punto de cruz.

Plantilla.

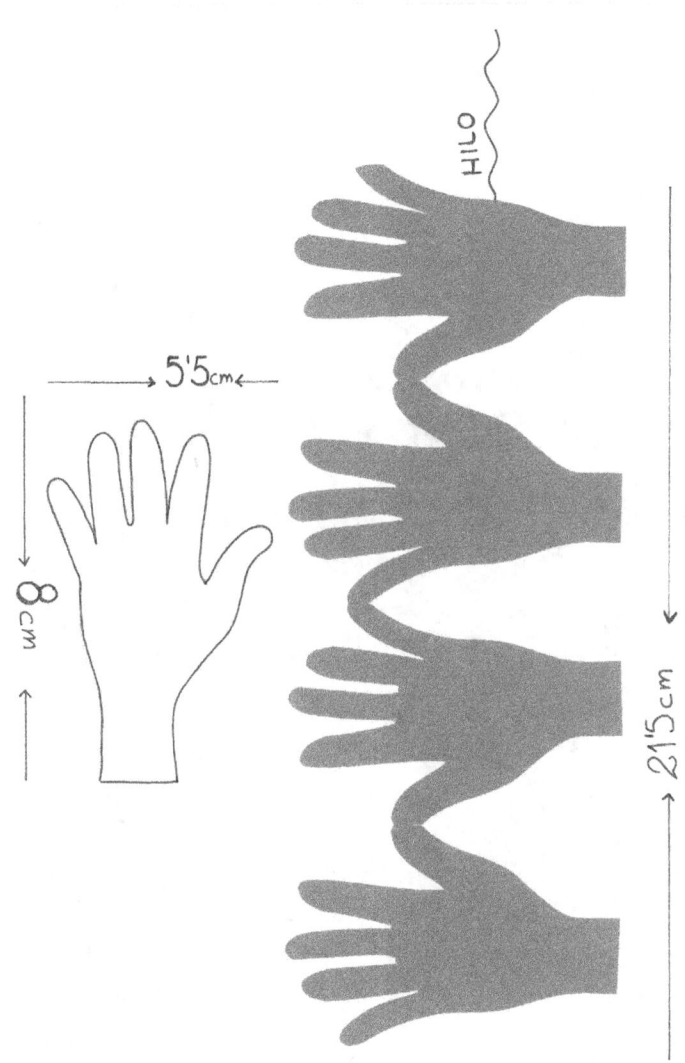

*Abres tu mano,
y colmas de bendición a todo ser viviente.*

Salmo 145:16

DÍA 11

Las aldeas quedaron abandonadas en Israel, habían decaído, hasta que yo Débora me levanté.

Jueces 5:7

La valentía de Débora me asombra. Que determinación y seguridad tenía para poder levantarse en un tiempo dominado por hombres, donde las mujeres no valían absolutamente nada. Débora lo tenía complicado. La situación en Israel era desoladora: abandono, tristeza y desesperanza.

Débora tenía una gran responsabilidad, pero también estaba segura de lo que tenía que hacer, porque tenía el respaldo y la palabra de Dios, "la victoria sería por mano de mujer" Jueces 4:9. Tal vez Débora se veía pequeña ante tal situación; sola o ninguneada. Pero ella hacia lo mismo siempre: obedecer a Dios.

A veces pensamos que por ser mujer, o por nuestra condición social, por no tener dones o habilidades, por no tener una aspecto físico estándar etc… no podemos ser usadas por Dios. Parece mentira, pero una de las cosas que más nos frena a las mujeres a la hora de servir a Dios, es nuestro aspecto físico, y las constantes comparaciones que nos hacemos entre nosotras: si yo tuviera el don de palabra de la hermana, si yo cocinara como la hermana, si luciera tan linda como la hermana. Y nos perdemos en las comparaciones, sin valorar lo que Dios nos ha dado a cado una en particular. Cuando dejamos de pensar que la obra depende de nosotras, de cómo somos, o de lo que sabemos hacer; es cuando podemos levantarnos como Débora y cumplir el llamado que Dios nos ha dado.

Somos hijas de Dios con un propósito, en cada circunstancia que vivimos, somos herramientas en manos de Dios; y el Espíritu Santo es quien actúa. Nada es gracias a nuestra condición social, habilidades, dinero, o aspecto físico. Es gracias a dejarnos usar por Dios mediante su Espíritu Santo. Débora se levantó para que el reino de Israel siguiera en pie. Nuestra sociedad necesita Déboras, que se levanten con determinación, valientes, para que en nuestro tiempo el reino de Dios sea extendido.

¿A qué esperas para levantarte?. ¿Qué te impide levantarte?. Es tiempo de decir como Débora: me levanté. No dejes pasar la bendición de servir a Dios, no dejes de cumplir lo que te está pidiendo, por creer que no vales, que nadie te va a escuchar, que no tienes los medios. No tienes que preocuparte de nada de eso, porque si Dios te llama, te dará todo lo necesario para que puedas cumplir con su propósito.

ORACIÓN:

Señor Jesús, perdóname por haber creído que es en mis fuerzas, y no en las tuyas. Que es por mis habilidades o por mi dinero. Perdóname por creer que soy yo quien maneja y dirige la situación. Hoy me comprometo a levantarme como Débora, dirigida por tu Espíritu. En el nombre de Jesús, amén.

Diseño creativo:

Vamos a dibujar a Débora, con las manos extendidas a Dios, para recordarnos que todo es por Él y para Él.

Materiales:

Pinturas. Acuarelas. Bolígrafos para lettering.

Cómo se hace:

1. Dibuja a Débora de espaldas, con las manos levantadas. Puedes dibujarla de cuerpo entero, o desde las rodillas, que salga del marguen inferior de la Biblia.

2. Pinta el fondo como más te guste. Puede ser un fondo de acuarelas, o un fondo con flores.

3. En el margen libre escribe el texto. Escribe: me levanté. Yo aproveché todo el margen, en sentido horizontal, para escribir el texto de lado a lado.

Pásate por mi cuenta de Instagram: @tamarcastanon y mira cómo lo hice. Busca en las historias destacadas: Mi Biblia.

Consejo:

Muchos, cuando ven mi Biblia, me hacen la misma pregunta: ¿Por qué tapas la palabra de Dios con tus dibujos?. A lo que siempre respondo: existen muchos tipos de Biblias, para diferentes usos. Esta Biblia ha sido creada para esto: para pintarla. Mi Biblia de Apuntes no es la Biblia que uso para hacer un estudio, o para predicar. Mi Biblia de Apuntes nunca sale de casa, es más, no se mueve de mi escritorio. Es mi Biblia devocional, donde me encuentro con Dios de manera creativa. ¡Claro!, si no tuviera más biblias que esta, no pintaría sobre las letras, porque no podría leerla. Usaría los márgenes libres, o añadiría una hoja con el diseño. Pero gracias a Dios, a lo largo de mi caminar cristiano, he podido hacerme con una bonita colección de Biblias, todas con un uso diferente.

Plantilla.

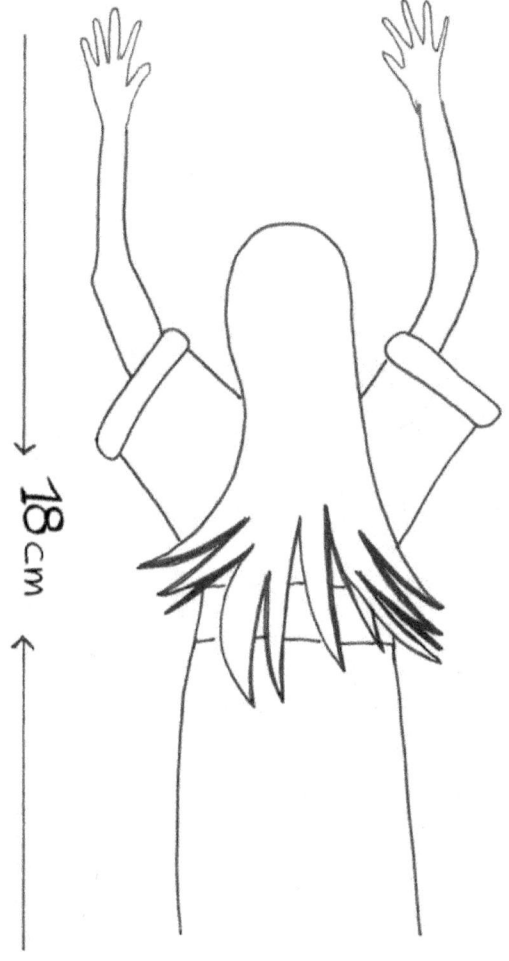

*Las aldeas quedaron abandonadas en Israel, habían decaído,
hasta que yo Débora me levanté.*

Jueces 5:7

DÍA 12

¿Con qué limpiará el joven su camino?. Con guardar tu palabra.
Salmo 119:9

¿Quieres limpiar tu camino?, guarda la Palabra. Este es uno de los versículos más claros y comprensibles de la Biblia. No deja lugar a interpretación, es claro y directo.

Si seguimos leyendo el salmo vemos que habla sobre los mandamientos, de guardarlos en el corazón, aprenderlos, hablarlos, alegrarse, y meditar en ellos; llenarnos por completo, que siempre los tengamos presentes. Tener la palabra de Dios en nuestra mente y corazón nos ayuda a tomar buenas decisiones, vencer la tentación y llevar un camino limpio.

Deseamos que nuestro camino esté limpio, y para eso, en ocasiones, hacemos cosas que Dios no nos está pidiendo. Hacemos sacrificios, promesas que creemos necesarios en nuestra vida para estar limpios delante de Dios. Normalmente limpiamos el camino haciendo cosas externas: vistiendo con faldas largas, no tomando alcohol, no yendo a los bares, teniendo un lenguaje espiritual sofisticado, siendo la primera en la iglesia, etc... Hacemos cosas, cumplimos normas, seguimos estereotipos, nada más. Además en muchas ocasiones lo hacemos a disgusto porque son "reglas" que cumplir.

Pero ¿habla este versículo de hacer cosas?, ¡NO!. Habla de guardar la Palabra. La R.A.E dice que guardar es: poner algo donde esté seguro, mantener, observar, conservar, o retener algo. Entonces para guardar la Palabra, hay que conocerla. Si no conocemos los mandamientos de Dios, su ley, sus consejos que están en la Biblia, ¿Cómo vamos a guardarlos?.

¿Cómo guardamos la Palabra que limpia nuestro camino? Leyéndola. Pasando tiempo en estudio y meditando para que pueda quedar en nuestra mente y corazón. Para que pase a formar parte de nuestro pensamiento, de tal forma que cada paso que damos en nuestra vida sea acorde a la Palabra. Que estemos tan llenos de ella que sea algo natural en nosotros. En la Biblia encontramos el consejo necesario para cada situación que se nos presenta diariamente. La Biblia habla de todas las facetas de nuestra vida: familia, enfermedad, trabajo, hijos, amigos, dinero, muerte, normas de conducta, vestimenta, manera de hablar, comida… ¡tiene asesoramiento para todo!. El conocer lo que dice la Biblia, hará saltar las alarmas en nuestro espíritu cuando tomemos un camino equivocado.

ORACIÓN:

Señor Jesús, enséñame a guardar tu Palabra. Perdóname por las veces que la pereza, o el desánimo, me han impedido pasar tiempo leyendo y conociendo la Palabra. Dame amor por ella, deseos por aprender y meditar en ella. En el nombre de Jesús, amén.

Diseño creativo:

Vamos a dibujar una figura de mujer de espaldas caminando por una carretera. Esa mujer seremos nosotras, caminando por un camino limpio. En la espalda le pondremos una mochila, con una Biblia que entra y sale, representando que tenemos que guardar la Palabra.

Materiales:

Pinturas. Acuarelas. Bolígrafos para lettering. Cartulina. Pegamento. Hilo. Tijeras.

Cómo se hace:

1. Este dibujo puede llenar toda la página, o si prefieres la parte que no tiene texto; al ser un salmo hay bastante espacio sin texto. Puedes dibujar cualquier paisaje en el que podamos encajar una figura de mujer caminando de espaldas. La figura tiene que medir 13 cm. de alto. Haz en la figura algún detalle que te represente, para que sea más personal.

2. En una cartulina dibuja una mochila, calcula su tamaño según la espalda de la figura que has dibujado. Si has dibujado la figura de 13 cm. la mochila tiene que medir 5 cm. de largo y de ancho, que cubra toda la espalda. Hazle las asas de colgar a la espalda, de 1 cm. de largo.

3. Dibuja la mochila con un bolsillo exterior, por este bolsillo va a pasar la Biblia. Para esto tenemos que usar una cúter o exacto, y cortar la parte superior y el lado izquierdo del bolsillo.

4. En una cartulina dibuja una Biblia de 2 x 1´5 cm. y recórtala. Cose un hilo de 6 cm. en la mitad del margen inferior de la Biblia. Hazle un nudo seguro, para que no se salga cuando tires de el.

5. Para poner la Biblia en la mochila, pasa el otro extremo del hilo que has cosido en la Biblia, por el centro de la base del bolsillito exterior de la mochila.

6. Ahora pega la mochila a la espalda de la figura; pega solo las asas a los hombros y la base de la mochila; el resto tiene que dejar poder moverse a la Biblia.

7. El texto puedes escribirlo en la esquina superior derecha. Escribe: guardar tu Palabra.

Pásate por mi cuenta de Instagram:@tamarcastanon para ver cómo quedó. Busca en las historias destacadas: Mi Biblia.

<u>Consejo</u>:

Crea como Dios te inspire. En este caso yo hice un paisaje de montañas, pero tú puedes crear otro paisaje: un bosque, un parque. Quedaría muy bonito una calle de una ciudad con altos rascacielos. Lleva cada ilustración a tu personalidad, a tu gusto, a las cosas que te identifican. Personaliza, de manera que te sientas identificada, y que haya una conexión con la ilustración.

Plantilla.

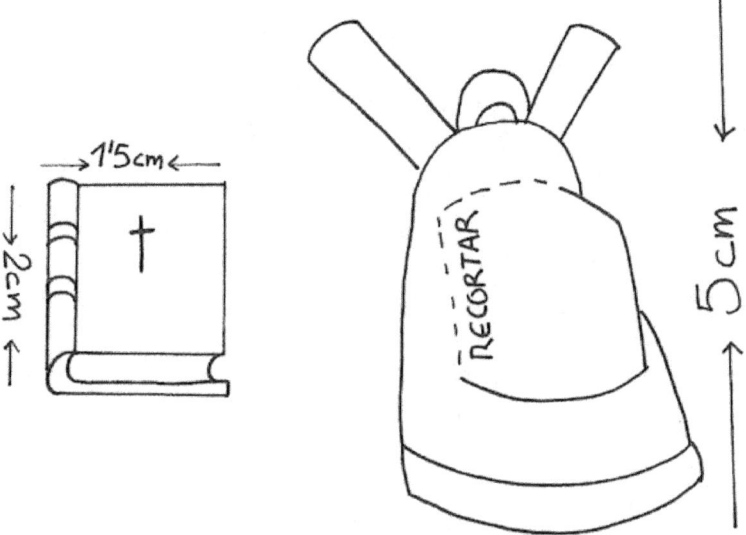

¿Con qué limpiará el joven su camino? Con guardar tu palabra.

Salmo 119:9

DÍA 13

Y se fue Ana por su camino, y comió, y no estuvo más triste.

1 Samuel 1:18

Imaginar a Ana en esta escena de dolor y llanto, clamando, siempre me ha conmovido. Ana tenía una petición que no se cumplía. Luchó por ella durante años, pero no era concedido su ruego. Esto le producía una tristeza profunda, tan profunda que le angustiaba. Comprendo el dolor de Ana, porque en aquellos días tener un hijo era muy importante, no solo por el deseo natural de formar una familia, sino que socialmente la mujer que no podía tener hijos era tenida en menos y sufría vergüenza.

El pasaje de Samuel nos cuenta: Ana decide ir delante de Dios, ora, llora y hace una promesa. Después tiene una conversación con Elí (no muy acertada por parte de este) de poco ánimo para ella, y finalmente Ana se va. No ocurre nada más.

Pero aquí llega lo asombroso de la historia, el versículo dice que Ana se fue por su camino, comió; y aquí viene lo bueno: no estuvo más triste. Es muy interesante, la tristeza que por tanto tiempo tenía Ana, desaparece. Fíjate que en ningún momento de su estancia en el templo orando, se nos dice que Dios le hubiese contestado la petición, y que supiese que iba a tener un hijo. Dios no le da ninguna palabra de confirmación, ni siquiera de consuelo. Nada, silencio. Incluso el profeta, que tenía que haberla animado a seguir buscando la respuesta, la desanima. Pero aún así, Ana no estuvo más triste.

¿Qué ha pasado?, ¿Cómo es posible que Ana tenga esa buena actitud ante un encuentro con Dios, aparentemente vacío, en el que no obtuvo la menor respuesta?. Esto es lo que quiero tener en mi vida, la capacidad que tuvo Ana de entregar su carga, su petición, y no estar más triste; que sin recibir ningún tipo de palabra, mi angustia desaparezca. Ana fue a la presencia de Dios, lloró, derramó su corazón, clamó y dejó en manos de Dios la respuesta. No necesitó una palabra de ánimo, de consuelo, una confirmación de si tendría un hijo o no.

Simplemente descansó en Dios y confió en que El haría lo mejor. Quiero ser como Ana y no estar más triste por mi petición.

Y ahora, pensando en Ana, cosas que se me ocurren que pudo haber pasado en aquel extraño encuentro con Dios en el templo:

1. La paz de Dios la llenó tanto, de manera sobrenatural, que no necesitó contestación de parte de Él.
2. El tiempo de oración aumentó su fe tanto, que no necesitó una palabra del profeta.
3. Su confianza en Dios se afirmó tanto, que no necesitó ninguna señal divina.

Y tú ¿sigues angustiada por tu petición?.

ORACIÓN:

Señor Jesús no quiero estar más triste. Dame paz, aumenta mi fe y afirma mi confianza en ti. Acepto tu voluntad en mi vida, sabiendo que tienes control de ella, y que sabes que es lo mejor para mi. Te entrego mi petición, la suelto en tus manos, y ya no estoy más angustiada por esto. En el nombre de Jesús, amén.

Diseño creativo:

Dibujaremos una sonrisa bien grande, que nos recuerde que hemos dejado en manos de Dios nuestra petición y ahora podemos sonreír.

Materiales:

Pinturas. Acuarelas.

Cómo se hace:

1. En la esquina inferior izquierda dibujamos una sonrisa de mujer grande 15 cm. de largo y 6 cm. en el centro.

2. Pinta el fondo con acuarelas o pinturas. Puede ser un fondo manchado, pinceladas, o dejarlo natural. Siempre respetando que la sonrisa sea lo que destaque.

3. En el margen superior izquierdo escribe el texto: Y no estuvo más triste.

Pásate por mi cuenta de Instagram: @tamarcastanon y mira cómo lo hice. Busca en las historias destacadas: Mi Biblia.

Consejo:

A la hora de hacer mis diseños me gusta usar diferentes materiales y técnicas. En esta ocasión, al escribir el texto, usé tres tipos de letra; la palabra NO, no la escribí, sino que la recorté en un papel charol rojo brillante, y la pegué en la Biblia. Mi consejo es que no tengas miedo a usar diferentes técnicas. Por ejemplo, en este caso, también sería bonito escribir la palabra "no" con sellos, escribirla con un cordón, con pegatinas, crearla con whasi tape... Hay muchas posibilidades a la hora de crear.

Plantilla.

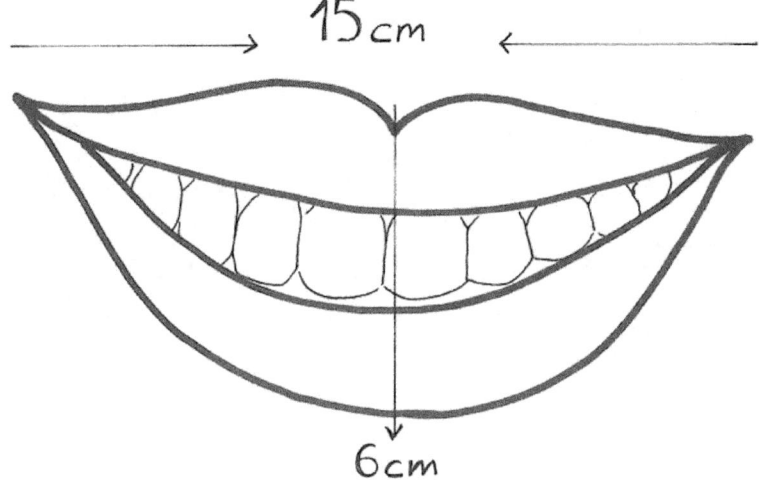

Y se fue Ana por su camino, y comió, y no estuvo más triste.

1 Samuel 1:18

DÍA 14

*El que venciere será vestido de vestiduras blancas,
y no borraré su nombre del libro de la vida,
y confesaré su nombre delante de mi Padre y
delante de sus ángeles.*

Apocalipsis 3:5

Este versículo se encuentra en el mensaje a la Iglesia de Sardis, a la que Dios le dice que tiene aspecto de que vive, pero está muerta. Son palabras muy duras para una Iglesia que disfrutó de un avivamiento, recibió una enseñanza correcta, y hacía obras para Dios. Empezaron con una vida cristiana correcta, pero dejaron ensuciar sus vestiduras. El versículo cuatro nos dice que quedaban pocos que no habían manchado sus vestiduras.

¿No te pasa que, al hacer la colada de ropa blanca, es muy difícil que la ropa quede con su blanco original?. Y que decir si por descuido metes en la lavadora de blanco una prenda de color que destiña. Una vez, después de hacer la colada le dije a mi marido, mostrándole su camisa "blanca": ahora tienes una camisa rosa. Qué difícil es cuidar el blanco y que permanezca blanco.

Así le pasa a nuestro blanco espiritual, nos cuesta mantener ese tono resplandeciente que lucimos los primeros días de llegar a Jesús. ¿Por qué perdemos ese blanco?, muy sencillo, porque olvidamos lo que hemos recibido y oído. No recordamos lo más básico en nuestro caminar cristiano, lo que más anhelábamos al conocer a Jesús, lo que nos llenaba de luz y blanqueaba nuestros vestidos: pasar tiempo con Él a solas, en su presencia, disfrutar de leer la Biblia, conocerle en la intimidad; pues era allí donde recibíamos y oíamos de Él. Olvidamos cómo procurábamos llevar una vida que le agradara, y nos dolía al momento cuando fallábamos. No dejábamos que nada manchara nuestras vestiduras.

Tenemos nombre de que vivimos, pero estamos muertas. Nuestros vestidos ya no son blancos, porque hemos permitido cosas en nuestra vida que nos llevan a alejarnos del propósito inicial, que es crecer en comunión con Dios, caminar en santidad; en cosas tan sencillas como meditar en lo puro y amable; en ser justos y rectos; en procurar una conversación agradable y de buen gusto, procediendo sabiamente; en comportarnos de una manera digna del evangelio, negando los deseos de este mundo. Vivir dando fruto y creciendo en el conocimiento de Dios.

El consejo que da Dios a Sardis es claro: arrepiéntete.

ORACIÓN:

Señor Jesús, me arrepiento de haber manchado mis vestidos. No quiero que mis vestidos se ensucien. Quiero ser de los que no han manchado sus vestiduras. Y quiero ser vestida con esas vestiduras blancas y poder andar contigo. En el nombre de Jesús, amén.

Diseño creativo:

Por medio de una muñequita, vamos a representarnos con vestiduras blancas, para no olvidar nuestro blanco espiritual.

Materiales:

Pinturas. Acuarelas. Tijeras. Pegamento. Forro adhesivo. Bolígrafos para el lettering.

Cómo se hace:

1. Hacer el fondo de la página. En esta ocasión queda bonito un fondo azul claro, sencillo. Tal vez unas nubes discretas. Un fondo que represente el cielo. En esta ocasión aconsejo pintar el fondo, aunque solo sea el margen, para que el vestido de la muñeca destaque.

2. Usa una de las muñecas de mi colección que tienes en los extras, la que más te guste. Dibújala sobre un folio blanco y dale color al pelo, ojos y piel. Recuerda que es más personal si la pintas con tus características principales. Deja su vestido blanco. Puedes pintarlo con pintura acrílica blanca. Si tienes pintura metalizada blanca, también sería ideal para esta ocasión.

3. Recorta la muñequita y pégala en el margen libre de texto, en la parte inferior.

4. Escribe el texto en la parte superior del margen. Escribe: seré vestida de vestiduras blancas.

Consejo:

Si el tamaño de las muñecas de mi colección te parece pequeño, o grande, solo tienes que variar el tamaño con una impresión a la medida que necesites. O dibújalo a mano al tamaño que desees.

Plantilla.

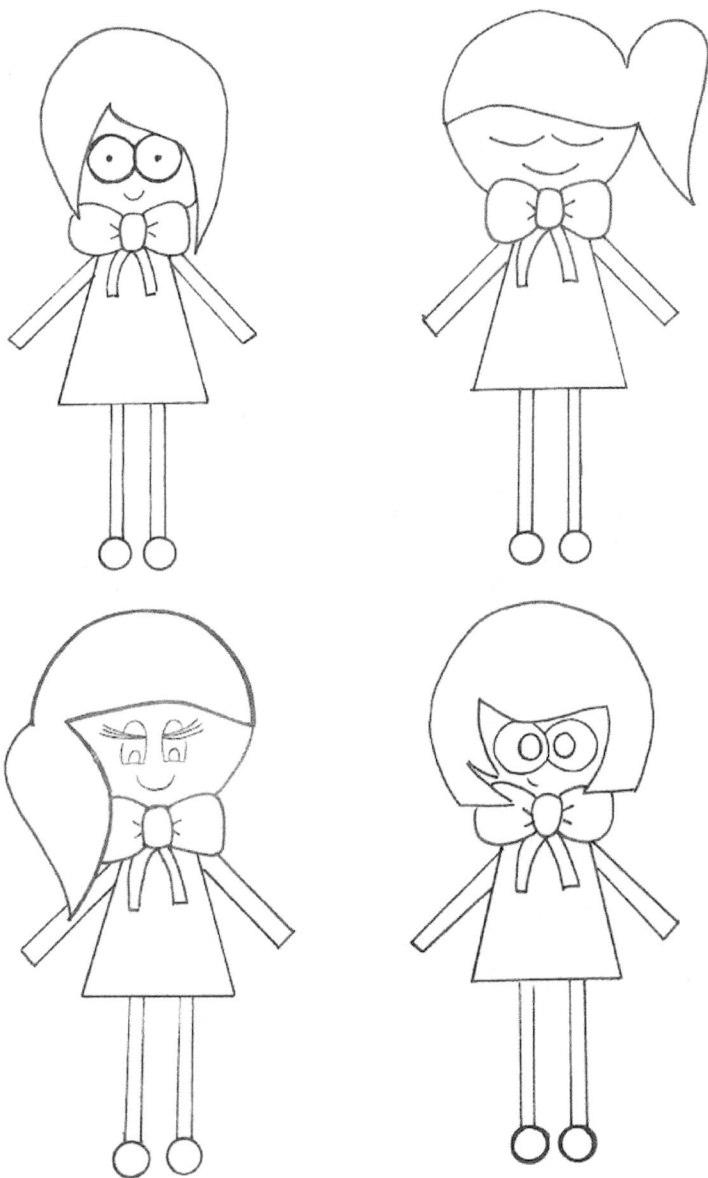

*El que venciere será vestido de vestiduras blancas,
y no borraré su nombre del libro de la vida,
y confesaré su nombre delante de mi Padre y
delante de sus ángeles.*

Apocalipsis 3:5

DÍA 15

Porque Jehová vuestro Dios es quien ha peleado por vosotros
Josué 23:3

Ya puedes colgar tus guantes de boxeo.

Cuelga tus guantes, por mucho que creas que los necesitas. Cuelga tus guantes; no tienes que gastar más fuerzas en una pelea que ya han peleado por ti. Cuelga tus guantes, porque no solo han peleado por ti, sino que han ganado la pelea.

Todas las peleas, batallas, luchas que hay en tu vida déjaselas a Dios. El conoce a tu adversario, ya se ha enfrentado cara a cara con él, sabe cómo ganarle. Solo tienes que confiar en el poder de Dios, y seguir sus mandamientos.

Estas palabras las dice Josué cuando ya es mayor, e Israel vive tiempos de reposo. Josué podía haberles hablado de tantas cosas: de lo que aprendió a lo largo del tiempo que dirigió al pueblo, consejos de cómo enfrentarse a la nueva etapa que venía; pero les deja esta palabra, para que no olviden que nunca obtuvieron la victoria por sus fuerzas, ni por sus estrategias. Siempre fue Dios, que estaba allí peleando por ellos. Como dice el versículo "por vuestra causa". Josué no quiere que olviden quien es la cabeza de su ejército, quien les dirige y les lleva a las victorias.

Tres cosas que hay que saber cuándo nos enfrentamos a una batalla:

1º, En la batalla Dios está con nosotros, lo leemos en 2 Crónicas 32:8 "con nosotros esta Jehová nuestro Dios para ayudarnos y pelear nuestras batallas".

2º. En la batalla no hay que temer al enemigo, lo leemos en Deuteronomio 3:22 "no les temáis, porque Jehová vuestro Dios es el que pelea por vosotros".

3° En la batalla Dios nos hace fuertes, lo leemos en Hebreos 11:34 "sacaron fuerzas de debilidad, se hicieron fuertes en batalla".

Que maravilloso es saber que Dios pelea por nosotras, cuando las circunstancias son tan difíciles que no vemos una salida, Él está ahí, peleando por nuestra causa. De manera sobrenatural va a acomodar todo y dar la salida. Cuando miro hacia atrás y recuerdo algunas situaciones, lo único que puedo decir es: fuiste tú, Dios; tú eras el que peleaba, y ganaste. Gracias. Que las peleas que ganamos hoy, nos sirvan de testimonio para las que puedan venir y podamos decir: Dios es quien ha peleado.

ORACIÓN:

Señor Jesús, cuelgo mis guantes de boxeo y me rindo a ti. Dejo de pelear en mis fuerzas, a mi manera. Ayúdame a confiar que tú estas en la batalla, que no debo temer al enemigo y que me haces fuerte. En el nombre de Jesús, amén.

Diseño creativo:

Vamos a pintar un cuadrilátero de boxeo, vacío, con unos guantes colgados. Representa que es Dios quien pelea por nosotras, que no necesitamos nuestros guantes, ese round está ganado.

Materiales:

Cartulina. Hilo. Pinturas. Bolígrafos para lettering. Tijeras. Pegamento.

Cómo se hace:

1. Puedes hacer un fondo uniforme de un solo color o dejar la página natural.

2. Con la página en horizontal, dibuja en el centro un ring. Será un cuadrado de 10 cm. en cada lado. Dibuja la base del ring con una altura de 2 cm. y también pinta la colchoneta.

3. Para las cuerdas del ring hay dos opciones:

    1. pintar todas la cuerdas en dos colores

    2. pintar las cuerdas del fondo y las de delante crearlas con hilo, cosiéndolas o pegándolas.

4. En una cartulina dibuja unos guantes de boxeo de unos 5 cm..

5. Pega los guantes de manera que queden en el centro del ring, colgando. Para esto nos ayudamos de un hilo, que por un extremo lo pegamos a la muñequera de los guantes, y por otro a la página. Quedando así colgados encima del ring.

6. El texto lo escribimos en la base del ring. En un lado escribimos: "Jehová nuestro Dios es quien" y en el otro lado del ring: "ha peleado por vosotros".

Tienes un vídeo de cómo se hace en mi canal de YouTube: Tamar Castañon.

Consejo:

Me atrevo a usar todas las técnicas en mi Biblia. Uno de mis hobbies es coser, me encanta coser; por eso no tengo miedo a usar el hilo y la aguja en la Biblia. A la hora de coser algo en la Biblia, o pasar un hilo como en este caso, mi consejo es usar una aguja muy fina, que deje el menor agujero posible en la página; siempre reforzando la parte donde queda el nudo del hilo con un poco de celo/whasi tape, para que la página no sufra, y que con el pasar las hojas no termine rasgándose, o que el hilo se suelte. Suelo usar hijo de costura normal, o para punto de cruz.

Plantilla.

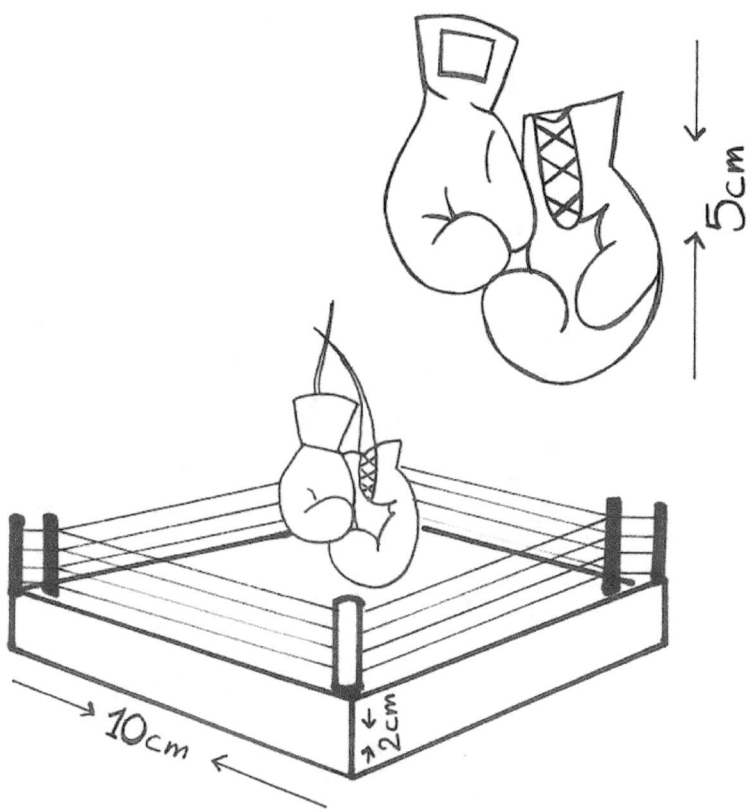

Porque Jehová vuestro Dios es quien ha peleado por vosotros.

Josué 23:3

EXTRAS.

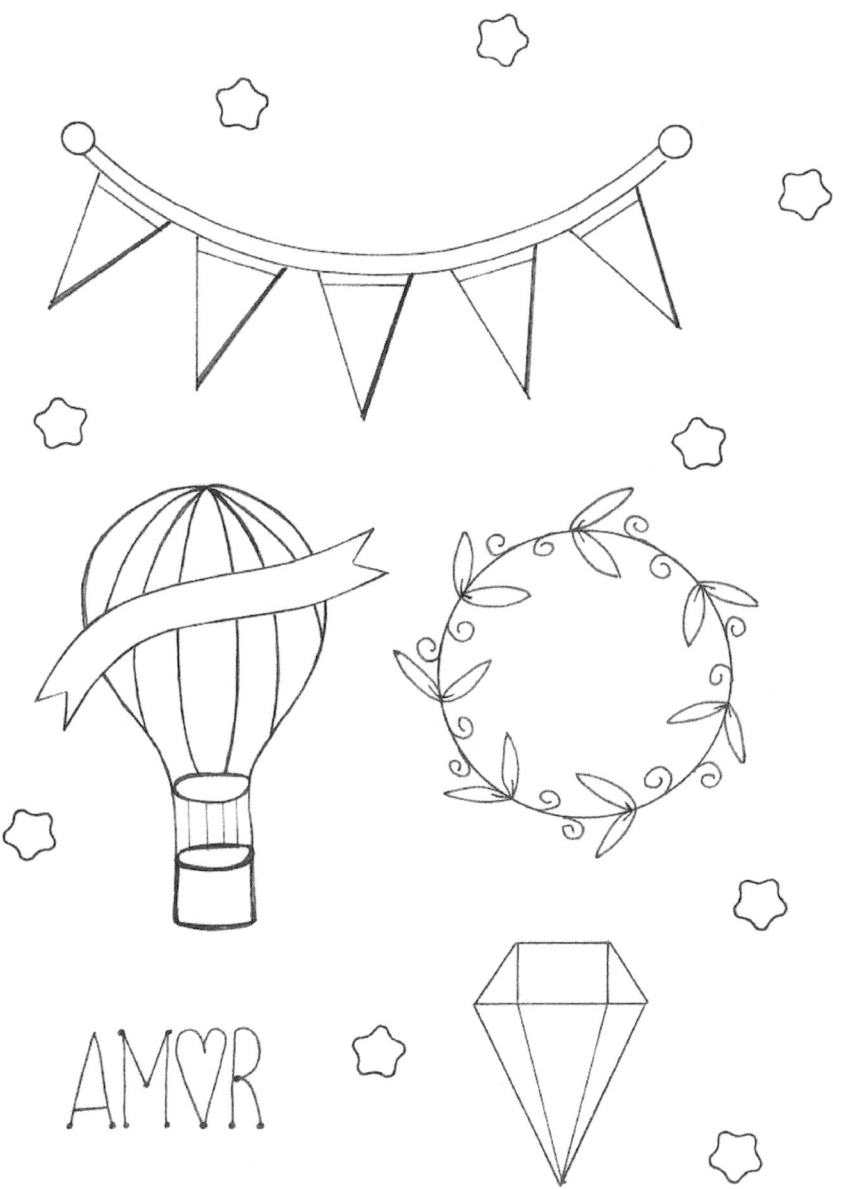

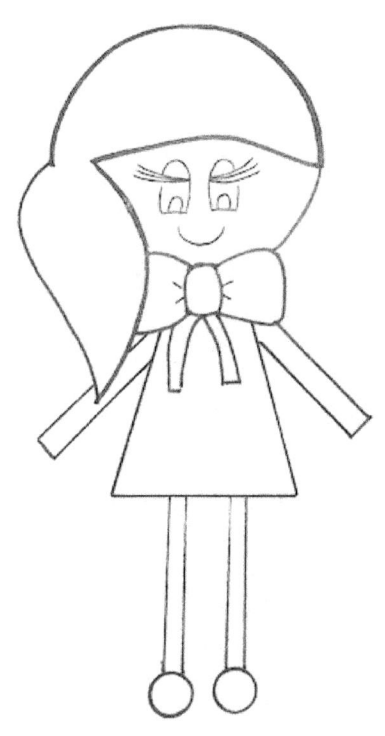
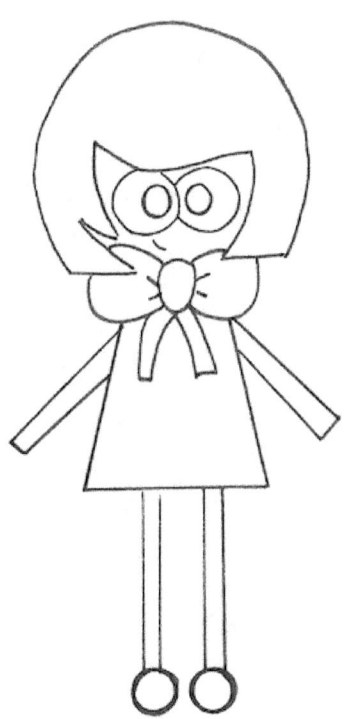

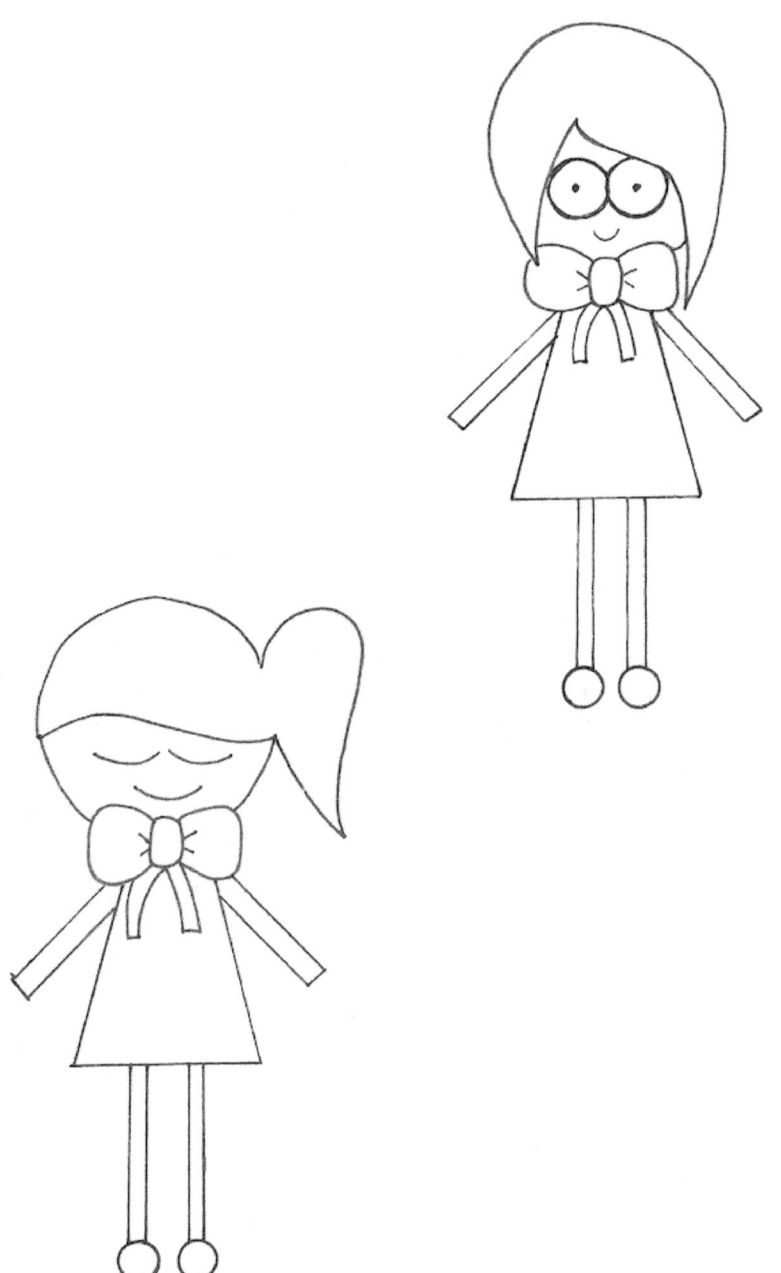

www.ingramcontent.com/pod-product-compliance
Lightning Source LLC
Chambersburg PA
CBHW060848220526
45466CB00003B/1289